高等教育国际化管理
与建设路径研究

张金哲 著

吉林出版集团股份有限公司

全国百佳图书出版单位

图书在版编目（CIP）数据

高等教育国际化管理与建设路径研究 / 张金哲著.
—— 长春：吉林出版集团股份有限公司，2022.11
ISBN 978-7-5731-2742-6

Ⅰ. ①高… Ⅱ. ①张… Ⅲ. ①高等教育—国际化—研
究—中国 Ⅳ. ①G649.2

中国版本图书馆CIP数据核字（2022）第220833号

高等教育国际化管理与建设路径研究
GAODENG JIAOYU GUOJIHUA GUANLI YU JIANSHE LUJING YANJIU

著　　者	张金哲	
责任编辑	李婷婷	
封面设计	李若冰	
开　　本	710mm×1000mm　　1/16	
字　　数	220千字	
印　　张	14.5	
版　　次	2022年11月第1版	
印　　次	2023年8月第1次印刷	
印　　刷	北京厚诚则铭印刷科技有限公司	

出　　版	吉林出版集团股份有限公司
发　　行	吉林出版集团股份有限公司
地　　址	吉林省长春市福祉大路5788号
邮　　编	130000
电　　话	0431-81629968
邮　　箱	11915286@qq.com
书　　号	ISBN 978-7-5731-2742-6
定　　价	87.00元

前　言

随着世界各国社会、经济、文化交流的日趋频繁，教育国际化得到了快速的发展，各高校开始积极探索高等教育的国际化。高等教育国际化是建设高水平大学的必然路径，推进高等教育国际化是高等教育变革的内在需要和时代诉求。高校在对外开放过程中必须增强国际化办学意识、建设国际化人才队伍、完善国际化育人机制、健全国际化管理模式等。另外，各高校还要设立多样平台，加强合作与交流，创新国际化建设的路径，为教育改革发展提供有力支持。

鉴于此，笔者撰写了《高等教育国际化管理与建设路径研究》一书，在内容编排上共设置六章，第一章作为本书论述的基础与前提，主要阐释高等教育的主体与功能分析、高等教育国际化的理论支撑、高等教育国际化的机遇与挑战；第二章分析高等教育国际化发展及战略对策；第三章探讨高等教育国际化的办学与外事管理；第四章和第五章论述高等教育国际化背景下的教学管理路径、高等教育国际化的人才培养与建设路径；第六章从高校学科内涵式建设、高校双语教学路径创新、高等教育国际化发展路径三个方面研究了"双一流"建设背景下高等教育国际化的路径创新。

本书内容客观实用，具备较强的时代性、系统性、操作性和可读性。全书从高等教育国际化的理论视角出发，借助科学的、以实践为导向的研究方法，结合开放的国际视野和本土情怀，对高等教育国际化管理和建设的具体路径进行细致的分析，凸显国际化人才培养的重要性，对从事高等教育国际化方面研究的学者和工作者具有一定的学习和参考价值。

　　本书得到了许多专家、学者的帮助和指导，在此表示诚挚的谢意。由于笔者视野与学术的局限性，书中所涉及的内容难免有疏漏之处，希望各位读者多提宝贵意见，以便笔者进一步修改，使之更加完善。

张金哲

2022 年 10 月

目 录

第一章　高等教育国际化的理论审视

第一节　高等教育的主体与功能分析

一、高等教育的理论与主体

（一）高等教育的理论支撑

1. 高等教育理念

高等教育的发展与高等教育管理有密切的联系，高等教育管理的对象就是高等教育，高等教育管理要想发挥更高的效率就要了解高等教育。高等教育属于专业性教育的一种，它的主要任务是培养高级专业人才。高等教育的规模比较大，涉及的内容比较多。高等教育会直接影响文化发展、经济发展和科技发展。在通常情况下，学生在中学教育完成之后就会步入高等教育阶段。高等教育可以分成三个类别，即专科教育、本科教育和研究生教育。高等教育根据形式可以划分为自学考试、成人高等教育和普通高等教育三种。

在我国经济、科技和文化多个方面快速发展的形势下，高等教育规模越来越大，因为高等教育要求的人才培养质量不同、教育资源配置不同、师生关系不同、专业设置不同，所以，高等教育和基础教育存在管理方面的不同。具体来讲，不同表现在四个方面，分别是管理对象、管理方法、管理原则和管理者素质。高等教育理念属于上位性的结构概念，在了解这样的概念时，必须分析它的下位概念以及与它意思相近的相关概念，还要分析这些概念之间的不同。

（1）高等教育的理想

对"理想"和"理念"之间的关系有多种不同的理解，如理念包含着理想或者理想涵盖了理念。对此，本书从以下方面进行阐述：

第一，"理念"和"理想"各有各的内涵，它们的概念不同，而绝非异词同义。无论是在汉语中还是在英语中，这两个词汇都存在区别。"理念"的英文是 idea，"理想"的英文是 ideal，可见它们是两个完全不同的词汇。

第二，"理念"和"理想"虽然是不同的概念，但它们之间存在一定的联系。"理念"带有前瞻性和导向性，其中蕴含着"对未来事物的想象或希望"，因此，"理念"中包含了"理想"的成分，"理念"也是构成理想目标的基础。"理想"是一种"应然"的观念，"理念"是"实然""必然""应然"的思想观念。由此可见，理念是属概念、大概念或上位概念，理想是属概念、小概念或下位概念。

第三，理念与理想相比，所体现出的观念更加抽象、更加概括、相对更加稳定，而理想体现出的观念除了受到理念的制约外，还受历史和现实条件的制约，是一种变化的思想观念。

第四，高等教育的理想既抽象又具体，抽象表现在精神力量方面，精神力量指引着高等教育各项工作的发展方向；具体表现在其理想是与一系列具体工作相结合的。理想的实现需要每一个教育工作者和高校学生脚踏实地，不断实践。

理想的实现需要条件，也需要经过漫长的过程，甚至需要经历整个历史阶段。在此之前，就如同很多作品的呈现都要预先进行设计一样，对高等教育理想进行构想和研究是非常有必要的。

（2）高等教育的观念

观念是存在于脑海中的思想意识和理性认知，观念的形成主要受个体自身感受和前人经验的影响。人生活在社会中必然会受到社会文化潜移默化的影响，所以，可以把观念理解成人对客观事物或客观存在的信息进行多次感知之后头脑做出的反应。观念属于哲学领域的概念，通常情况下，观念反映的是个体对具体事物的看法，它存在于个体头脑中，是由个体做出的一种自发判断。理念是一种理性的、自觉的、系统的认知，来源于现实；同时，理念超越了现实，是对未来发展的一种期待和追求。

在现代化的过程中，人的现代化是核心，人要想实现现代化就必须依赖于教育的现代化发展，教育要想做到现代化则需要依赖于教育观念创新。高等院校本身就应该是开放的、自由的、注重观念创新的地方，现代高等教育观念的创新改革依赖于高等院校。只有高等院校注重改革、注重教育观念的更新，高等院校的工作开展才是主动的、有目标的。只有高等院校进行创新，教育才可能实现现代化。高等教育在实施过程中，需要把高等教育观念作为基本的指导思想，在观察问题、分析问题、解决问题的过程中，也要始终坚持把高等教育观念作为解决问题的准绳。具体来讲，高等教育观念可以分成战略观念、改革观念、发展观念、价值观念、质量观念、效益观念和未来发展观念。

（3）高等教育的精神

第一，大学精神。精神和理念之间的联系是非常密切的，大学精神可以分成主观、客观和绝对三种。精神是自然的真理，在发展过程中，自然慢慢地消逝，精神以理念的形式出现在社会中，从这个角度分析可以把精神看成真正现实的理念。这里提到的现实除了包括自然界之外，还包括人所生活的世界。在时间维度上，现实包括过去、现在和将来所有的时间。

大学精神可以从广义和狭义两个层面而言。广义的大学精神是各大学普遍存在的良好校风和精神状态，如勇于进取的精神、开拓创新的精神、厚德载物的品质等；狭义的大学精神是某所大学具有的个性化的高校精神，这种精神具有典型性，体现着一所高校的水平与风貌、凝聚力与生命力，是大学在长期的实践活动中积淀而来的。无论是广义的精神还是狭义的精神，它们都是大学校园最宝贵的财富，是大学不断发展和进步的源动力，凸显着大学的形象、气质、特色。

高等教育理念的核心是大学精神，大学精神是学校发展的支柱。一所学校要想创建自身特色，保持发展活力，就要依赖大学精神。大学不能被视为某种社会职能场所，它可以培育出具有文化特性、创新活力的人才，是人才成长的学术殿堂。大学除了注重物质元素的存在之外，也应该关注学生精神方面的成长和超越。学生除了在大学学习知识之外，还应该学习大学展现出的精神力量，借助大学的精神力量陶冶情操、提升境界、升华人格。

第二，大学使命。理解大学的使命可以从两个角度进行，使命的本意是使者接收到命令之后按照命令行动，现在引申为重大任务、重大职责。大学使命指的是大学按照高等教育理念的指导开展大学生实践。大学使命可以分成两方面：一是追求真理，探索科学世界；二是对学生的品德进行培养。大学的根本使命是为社会发展提供助推力，为社会发展提供全新的成果、全面的人才和全新的思想。

随着时代的发展，大学的使命将会呈现出更多的社会性特点、国际性特点、时代性特点和综合性特点。大学应该走在时代发展的前沿，追逐新思想、新潮流；与此同时，还要关注人才的培养，要为社会输送高素质的综合性人才，注重培养人才的创新能力、创新精神，让他们形成创新思维，始终注重社会发展，跟随社会发展的步伐，学习社会发展需要的技能，并且致力于将学生培养成可以带领世界更好发展的领导者，也就是让学生除了学习知识之外，还要形成领导能力。大学应该发挥自身的科研力量，让知识转变成科技成果，还应该成为科技成果转化过程中的中坚力量，加大自身对社会的影响力，逐步向经济社会的中心靠近。此外，大学应该发挥桥梁、载体作用，为国际文化交流、国际文化合作提供支持。总体而言，在现代社会中，大学应该创造更多的成果，培养更多的人才，在这个知识经济时代为人类的和谐稳定和繁荣发展做出贡献。

第三，大学目标。目标指的是个人或群体组织在一定的时空范围内，以预测为基础，以动机为诱因，按一定价值观所确立并力争实现的最终结果的标准、境界或状态。目标可以是具体的实体对象，也可以是精神的抽象对象，实体对象包括工作数量和质量、奖品和奖金等，精神对象包括思想理论水平、技术技能水平、荣誉奖项等。教育目标指的是社会对人才发展提出的标准，也可以把教育目标理解成教育目的或人才培养目标。大学目标指的是大学对人才培养提出的要求和标准，大学目标的制定遵循国家总体教育目标的指引，可以说大学目标是国家总体教育目标的一个分支，呈现出明显的时代特点。大学属于学校的一种，但是它有自身的特殊性。大学生除了学习知识之外，也会从教师的教导中意识到科研的重要性，并且掌握科学研究的思维和方法。大学生需要承担个体责任，对自我负责，这样才能获得学习自由。大学教师必须把传播科学知识当作自己的职责，这样教师才能获得教学自由。

由此可见，现代高等教育理念指的是把高等教育与社会发展矛盾、社会发展需要之间的关系作为前提，并且在遵照高等教育外部关系规律的情况下，提出的可以推动社会经济发展、社会文化发展、社会科技发展和社会教育发展的教育理念。现代高等教育理念强调为社会发展服务，引导社会发展，让教育突破"学术高墙"限制，让教育引领社会和服务社会。具体来讲，可以将现代高等教育分为以学生发展为本的教育理念、国际化教育理念、可持续发展理念、学术自由理念、终身学习理念等，这些理念具有的特点是服务性、社会性、宏观性、外向性和引导性。在社会不断发展的过程中，现代高等教育理念应运而生。

2. 高等教育规律

教育规律是与教育有关的要素之间的联系，普遍存在于教育现象及其他社会现象中。因此，要想了解教育规律，就要对教育现象进行深入的分析，结合教育问题对教育规律进行探究。研究教育现象和问题要多角度、深层次、全方位进行，理性地对其进行分析，从而形成理论体系。对于高等教育而言，教育规律在一般教育规律的基础上更具抽象性，需要打破基本理论的认知，通过不断的总结和研究在理论认知方面取得突破。

教育规律是一个复杂的系统，并非单一的线性因果关系。教育既有确定性，也有不确定性，有序与无序同时存在，因此不能视其为"确定性规律"。严格意义上的线性因果关系在教育中并不存在，非线性和统计性规律才是教育规律的主要表征。教育的因果关系是统计性与客观性、选择性与决定性共存的，同时具有多向度特征。因此要认识到教育规律的复杂性，不能简单地用确定性规律去探究，否则会使教育理论研究产生偏差，对教育实践产生不良影响。

"确定性规律"于教育而言是一种普遍或必然的教育规律认知，实质是以牛顿力学为基础的规律类型，即根据物体初始状态判断其后续运动规律，包括物体每个确定时间点的状态、运动速度和整体运动轨迹，这种规律类型是具有因果必然性的内在定量规律，具有确定性。而"统计性规律"则具有偶然性，是外在、定量的因果偶然联系规律。"非线性规律"则是集确定性和随机性于一体的内在、定量规律。

教育规律虽然包括"确定性规律""统计性规律""非线性规律"等内容，但这些内容并不具备同样的地位，而是在不同的时间和环境下有重点、有侧重的。现代教育规律有一个明显的特征就是位移。在规律的位移中，传统的"确定性规律"被现代的"统计性规律"和"非线性规律"所取代。但是，从传统的"确定性规律"位移到现代的"统计性规律"和"非线性规律"，只是反映了从传统的确定性位移到现代的统计性和非线性的大趋势，并非是对传统"确定性规律"的全盘否定，三者之间也不是非此即彼的关系。但是，非线性教育规律成为教育的基本规律，必然表现为教育系统和教育活动中呈现出必然与偶然、有序与无序、确定与不确定的统一。这种情况下，确定性规律和统计性规律在教育规律整体中只占很小的一部分，可能存在于局部，也可能存在很短的时间，总而言之，属于非基本规律。

（1）高等教育规律的分类

第一，按社会现象进行分类。如果视高等教育为社会现象，则可将其分为内部关系和外部关系两种。内部关系是教育内部各因素之间的关系形成的规律；外部关系是教育系统与其他社会系统之间形成的规律。这种分类方式简明扼要，理解和运用都较为简单，对教育理论和实践产生了较大的影响，但这种分类方式也在学界引发了争论。

第二，按作用的形式、范围等进行分类。按照形式有动态和静态之分；按照范围有一般规律和特殊规律之分等。这种分类方法更详细，但也存在诸多问题。如一般规律有哪些、特殊规律有哪些，教育规律的复杂远不是这两种范围能概括的；再如什么叫静态规律，如何定义静态规律，也有待商榷。

第三，按分类学科的原理分类。按分类学科的原理，将教育规律一级类分为"绝对规律"和"一般规律"，二级类分为"教育本体规律"和"教育边缘规律"，并逐级细分，从而构成一个教育规律分类学体系。但这种分类方法和表述在实践中的运用还值得商榷。

（2）高等教育规律的再认识

高等教育规律目前仍然停留在关系认知阶段，将规律视为关系，对教育与社会和人的方方面面产生的联系进行研究和论述。基于关系的研究方法周到、细致但有局限性，关系并不能涵盖规律的方方面面，高等教育本体在以关系为基础观点的研究中被忽视了，因而这样的研究是不完善的。所有的事物发展都具有一般规律和特殊规律，在常规状态下发展的规律称为一般规律，具有普适性；在特定状态下发展的规律则是特殊规律，具有条件性。一般规律和特殊规律是所有事物发展都会存在的规律，教育也不例外。教育的一般规律适用于所有的教育，包括高等教育；而特殊规律只适用于具有条件性的教育，如某种层次的教育、特定条件下的教育形式、特定的教育类型等。对于这种具有条件性的教育类型来讲，这种特殊规律又成为特殊类型或层次教育的一般规律。

高等教育具有特殊性，在一般规律的基础上应存在特殊规律，但现存的关于高等教育的教育规律与针对所有教育类型进行的教育规律表述大体一致，都是基础的一般规律。高等教育的特殊性没有得到体现，也没有具有针对性的高等教育规律研究，也就是对于高等教育的一般规律（也可称为教育的特殊规律）的研究存在一定缺失，需要不断完善。

3. 高等教育发展

我国高等教育发展受到其发展阶段的影响，也受到时代环境的影响。在我国高等教育普及化的同时，社会也在进行现代化发展，这使我国高等教育步入了一个新的发展阶段。而且，在这一阶段，社会经济的发展也有了质的改变，不再仅关注物质、经济的提升，而更加关注经济结构的改良和优化，注重将国民生活质量提升到更高的层次；除了经济发展之外，也注重科技、文化、法制等方面的发展。在这样的情况下，社会需要的人才需要由高等教育提供。高等教育成为社会发展必须借助的动力源泉，甚至说高等教育直接决定了国家未来发展，决定了国家的生产力水平。新的经济发展形势、新的时代环境都要求高等教育进行创新，高等教育已经实现了普及。高等教育的普及实现之后，教育主体和教育客体的需求也发生了变化，教育主体和教育客体要求教育使用新的教育方式。

（1）强化本体价值，实现导引发展

高等教育本体价值主要涉及两项内容：一是育人价值，二是高深知识的创造价值。我国要在国际上显现出更大的竞争力，需借助高等教育的科学、稳定发展。在这样的情况下，高等教育必须清楚自身的教育本质，发挥出自身的本体价值，在此基础上做到高等教育的导引式发展。传统的高等教育注重的是适应性，主要是为了让教育和经济发展需求相互适应。在这样的情况下，高等教育更明显的是作为工具被使用的，所以，它的工具性价值比较明显。但是，在社会经济全面变革的情况下，高等教育的发展要面临全新的挑战。挑战可能带来积极的影响，也可能带来消极的影响。例如，在利益机制的作用下，市场环境可能会影响人们的选择，导致人们的选择呈现出明显的趋利性和短视性。但是，在社会经济改革程度逐渐加深的形势下，高等教育必须发挥自身的作用，为社会变革提供助力，这是基本事实，也是必然会出现的一种发展趋势。所以，高等教育要为自己树立远大的发展理念，发挥出教育本身的能动性，主动去适应当下的经济社会发展需要，主动参与经济社会的全面变革，为经济社会的发展提供助力。

高等教育想要实现导引式的发展可以利用两种方式：①高等教育的未来发展是通过促进学生的个人成长、个人发展来实现的。高等教育在培养学生的时候要注重社会发展需求，做到社会发展和个人发展的协调统一；换言之，通过人的现代化发展来助推社会经济、社会文化的现代化发展，所以，高等教育在未来发展过程中要强调基础学科教育，利用基础学科教育培养人才的综合素质、综合能力，全面提升人才的综合素质水平。②高等教育要注重高深知识方面的研究和探索，要让高等教育内容表现出更鲜明的前瞻性和创造性。目前，国家发展主要依赖于知识创新，知识创新对生产力的提升有决定性作用，为此，高等教育也要注重知识创新，通过创新的方式实现科学技术的提升和进步，并且通过科学技术的发展助推社会发展，助推社会转变和社会创新，进而引导社会发展。

（2）承担多重使命，实现协同发展

高等教育属于社会系统中的一个子系统，非常复杂。作为社会的子系统之一，高等教育的发展需要依托于外部环境，高等教育活动的开展需要依托于社会实践，因为高等教育和社会发展之间存在必然关联。所以，教育除了发挥育人职能之外，也要担负为社会发展做研究、为社会发展服务的使命。高等教育在接下来的发展过程中将会受到经济市场、社会组织和高校等方面的影响。在这样的情况下，高等教育治理体系需要创新优化，高等教育结构体系需要完善，这样才能满足社会多元主体的诉求。

第一，高等教育应该做到协同治理。政府宏观管理高等教育发展的机制需要改善，政府需要从宏观角度为高等教育的稳定发展提供保障，要为高等教育的创新和改革指明方向；而且，还要注重高等教育的公平、公正发展。除此之外，高等教育的治理也要注重市场调节机制的重要作用，高等教育治理需要引入多元主体，让更多的主体共同进行高校治理、高校建设，例如政府、市场和高校应该通过合作的方式共同参与高校治理，同时借助市场的作用来推动学校发展的优胜劣汰。此外，法律方面应该为高等教育发展提供保障，法律要明确高等院校具有的办学自主权。赋予高校自主权可以激发高校办学的积极性，可以为高校发展提供更加自由的学术环境，避免学术和行政间的矛盾，让行政力量和学术权利之间有更清晰的界限。

第二，高等教育应该做到结构协同。结构协同指的是区域内的教育资源应该公平分配。高等教育布局结构应该继续向下延伸，让更多的优质资源向地方院校倾斜，争取提高地方院校的人才培养水平，创建出具有地方特色的优质大学。地方大学的崛起可以为区域经济发展提供更适合的人才。当地方的经济发展有了人才的参与之后，经济可以快速发展。除此之外，高等教育的结构类型应该多元化发展，避免高等教育的同质化发展。换言之，高校应该在建设过程中有侧重，国家应该合理规划研究型院校、应用型院校和职业技能型院校的数量比例，推动建设特色高等院校，以便满足人们对高等教育的多元化需求；与此同时，也要注意高等教育层次结构的协调。高等教育应该针对不同层次的人才制定不同的标准，如为专科、本科、研究生等不同层次的人才设置不同的培养目标，保证不同层次的教育发挥不同的作用，为社会发展提供多样化、针对性强的综合性人才。

（3）立足主要矛盾，实现纵深发展

高等教育在未来的发展过程中仍然要注重于结构和质量方面的优化。要赋予高等教育更丰富的内涵，也就是高等教育要向纵深持续发展。

第一，要持续推进高等教育供给侧改革，解决改革过程中遇到的各种阻碍，注重高等教育微观结构层面的深化改革，持续挖掘高等教育在教育质量、教育水平方面的发展潜力。首先，高等教育要想实现纵深发展，就需要以教师作为发展的切入点。高校培养出来的人才的质量，由高校的教师素质、教师技能水平决定。高校只有建设出高水平的师资队伍，才能培养出高质量的人才，因此，高校要注重师资队伍的建设，应该根据自身要培养的人才类型去招聘适合的教师，要对教师进行不同类别的划分。例如，研究型的高等院校应该招聘有研究能力的教师，职业类院校应该招聘职业技能水平较高的教师。不同的院校对教师设置的考评方式也应该有差异，研究型院校应该针对教师设置研究方面的考核标准，职业院校应该针对教师设置职业技能方面的考核标准。换言之，高校应该针对教师的所属类别、教师的类型进行教师培养和队伍建设，充分发挥教师的优势。除了能力方面，高校还要注重教师师德的建设，需要培养教师的职业素养，让教师忠于自己的职业、热爱自己的职业，这样教师才能以研究为己任，真正做到教书育人，以身作则，培养出德才兼备的学生。其次，高等教育的纵深发展需要依赖于课程教材结构。在时代不断发展变化的过程中，高等教育课程使用的教材内容和教材结构应该创新调整，这样学生所学的内容才能真正应用在就业过程中，从根本上避免学生所用非所学的问题。

第二，要为高等教育发展提供更大的空间，助推高等教育的多层次、多样化、多类型发展。首先，高等教育的受众空间应该持续拓宽。高校应不断地进行终身教育模式的创新和完善，并且加大力度打通技术教育、普通高等教育和继续教育之间的教育壁垒。其次，高等教育的教学空间应该拓宽，高校应该积极借助于信息技术、互联网进行人才培养，通过人才培养方式的创新，培养出现代化社会需要的信息型人才。信息技术的加入可以为教育开拓线上教学空间，创造出全新的线上教学模式。最后，高等教育国际发展空间应该拓宽。我国应该继续推动高等教育在国际方面的发展，让高等教育继续对国外开放，为高等教育在国际化方面的纵深发展提供支持。我国高等教育应该主动参与全球教育的发展，让中国的教育力量为全球教育发展教育治理提供支持。与此同时，中国教育应该借助与国际上的教育合作，为自身的教育发展提供新鲜血液。

综上所述，我国高等教育的发展历程清晰地显示，要想实现全面高等教育会面临很多困难，尤其是教育质量完全达到预期效果是很难的。我国经济处于稳定快速发展阶段，一部分人的物质条件较好，经济实力较强，对个人教育和发展有了新的需求。然而，发挥社会发展的不均衡和地域经济发展的限制导致高校群体依然处于供不应求的地位，教学质量良莠不齐，教育作用不能被充分发挥，教育反作用力不足以成为经济动力和社会核心力量，这又加剧了教育矛盾并影响了教育体系的发展。

（二）高等教育的主体分析

高等教育的主体主要包括以下内容（图1-1）：

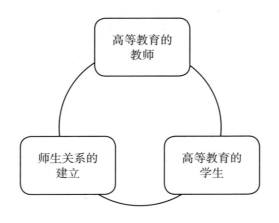

图1-1　高等教育的主体

1. 高等教育的教师

（1）教师角色

教育以学生为本，办学以教师为本。教师是完成高等教育任务和实现高等学校职能的主要承担者，也是高校的第一资源，是高校最宝贵的财富，也是高校生存和发展的根本。好的高校必须以好的教师为支撑。

第一，教师角色的定位。

首先，教师由知识的传授者转变为学生学习的引导者。高校在刚成立的时候是以教学为主的，高校教学中的主要角色是教育者，教师主要负责的是为学生传授知识。但是，在新时代环境下，教育发生了变化，教师除了继续向学生传授知识之外，也要关注学生的成长和心理发展。

教师要成为学生学习路上的指引者。教师除了讲解知识之外，还要让学生掌握正确的学习方法，让学生主动获取知识，敢于质疑、敢于思考；让学生习惯使用自己的方式去理解知识，对知识进行创新。当下是互联网时代，学生可以从更多的途径获取知识。一般情况下，借助于网络平台，学生可以进行自主学习。但是，如果知识比较复杂，涉及系统化的知识或知识创新，那么学生就需要教师的引导，在这样的情况下，教师要学习运用现代信息技术，帮助学生不断地探索、创新。对于学生来说，掌握方法比掌握知识更重要。

教师应该成为学生发展路上的促进者。教师除了向学生传授知识之外，也要督促学生学习，对学生进行教育方面的管理。换言之，教师的工作重心不仅仅是教学，还应该包括学生思想品质的提升。尤其是在互联网时代下，教师更应该注重学生自身价值和个性的体现，使学生更好地成长与发展。

其次，教师由课程的执行者转变为课程的建设者和开发者。教学在发挥作用的过程中需要以课程作为载体，课程也是师生进行思想交流和互动的基本渠道。在大学课程讲授过程中，教师不会完全局限于教材的内容，还会对教材内容进行一定的拓展，以此让知识和内容更适合学生的学习需求和思维发展。相比于之前的学习，高校课堂更加自由，师生之间可以更自由、开放地探讨学习内容。不仅如此，教师还会在课堂上给予学生更多的机会，让他们自由地表达想法。从这一点可以看出，教师角色想要转变，还需要借助课程的开发和课程的完善。如果教师可以让课程内容与时俱进，那么学生就可以在课堂中获得更为优质的体验。除此之外，教师提供与时俱进的内容也可以丰富自身的知识储备、提升自身的能力。在新时代的环境下，教师除了承担课程内容的传授者的身份之外，也要变成课程的开发者和建设者，转变自身角色，为学生提供更加优秀的课程内容。

最后，教师由"教书匠"转变为教育教学的研究者和实践者。在信息技术快速发展的情况下，学习环境变成了数字化的学习环境。环境的变化要求教师转变教学方式、创新教学方式。传统的教学方式是教师拿着粉笔站在讲台上奋笔疾书向学生传递知识；而高校教育则不同，教师的任务不只是教书，还要通过教学活动推动学生个人发展。要想真正完成这些教学任务，教师必须研究教学，反思自己的教学过程，让课堂更加符合学生的发展需求，针对重点教学问题展开反思，总结教学问题出现的原因，使用科学的教学方法，使教学真正发挥促进学生成长的作用。

第二，教师角色的转变。在人类发展过程中，教师的角色一直是多种多样的，也一直承担着时代发展的重任。步入大学生活之后，学生除了知识学习之外，还要了解人际交往，积累生活经验，在这些方面的成长依然需要教师作为指引者。所以，教师需要明确自身职责，注重自身经验的积累，在实践过程当中不断地强化自己的育人本领。

首先，教师要转变思路，更新教育观念。在大数据时代的环境下，教育活动可以使用的方法、手段更多，教学过程中也出现了新的挑战、考验。这些情况的出现需要教师结合实际教育需要去探索、去创新。所以，在当下的环境当中，教师必须转变自身的角色定位，主动跟随时代发展，不断地进行教学方面的探索创新，为教学注入新鲜血液。教师在开展教学活动或者投入科研工作时，需要明确自己作为教师的社会责任，要使用适合当下时代发展的教育观念引导学生，帮助学生成长。

教师在更新教育观念时要注意大局意识的树立，要承担自己的责任，教育并培养出全面人才，为培养合格接班人而努力奋斗。教师必须意识到自己的职责，还要意识到自己这个职位的重要性。教师是学生成长路上的重要指导者，应该按照人才培养目标去培养学生，为教育活动的开展投入大量精力，为学生成长提供精准的教育内容、正确的教育方法。教师不能把分数至上当作教学观念，必须改变以前唯分数论的教学思想，创新教学方法，致力于培养出身心全面发展的当代大学生。教师只有致力于学生的身心发展，才能培养出德才兼备的大学生。

其次，教师要立足自身，提升专业素养。传统教学对教师的专业素质要求相对单一，在一般情况下，只考量教师的教学水平和知识储备情况。但是，在新时代，教师要承担更多的责任、完成更多的任务。人们对教师提出了更高水准的要求。在这样的情况下，教师必须注重能力和素养的提升，不断地进行自我升华。一是教师应该提高知识素养水平。除了本专业的知识之外，教师还要提高其他学科的知识素养水平。换言之，在新的环境中，教师的知识体系必须更加完善。因此，教师必须有终身学习意识，致力于自身能力的全面提升。二是教师应该提高信息技术能力。当下的时代是"互联网＋"的时代，教育和互联网进行了更深层次的结合，这要求教师必须掌握信息技术的运用方法，将信息技术应用在教学活动和科研活动中。三是教师应该提高人文素养水平。教育始终是以人为本的教育，一直致力于培养全面的人才。换言之，教育是为了让学生掌握学习方法，掌握生存技巧。所以，教师要注重人文素养水平的提升，除了教给学生知识之外，也要促进学生在其他方面的成长，让学生成为德才兼备的优秀人才。

最后，教师要以生为本，加强师生互动。目前，教师队伍越来越年轻化，年轻教师的加入使得师生之间的距离变得更近。师生之间可以进行更多方面更为充分的互动。在有效的互动当中，教师可以了解学生的真正想法以及学生的人生观和价值观，从而可以从学生的角度出发因材施教，并且利用自身的引导力量培养学生对学习的兴趣，让学生主动积极地参与学习。除此之外，教师还可以渗透到学生的生活当中，和学生进行更多的日常交流，并与其分享彼此对生活的心得体会，从而向学生传授更多的人生感悟、人生经验。在这样的互动中，二者可以实现共同进步。

（2）教师专业标准及其发展

第一，教师专业标准。教师专业标准一般是指国家的教育机构依据教育目的和教师培养目标等制定的关于教师培养、教师规范和教师聘用等方面的指导性文件。目前，我们可以照搬"师德为先、学生为本、能力为重、终身学习"这四个基本理念，将其直接用于高校教师的身上，使之成为高校教师作为专业人员在专业实践和专业发展中应当秉持的价值导向。这四个教师基本理念科学合理、凝练准确、有先进性，并且简明扼要、贴切实用、易于传播与接受。其中，"师德为先、学生为本、能力为重"的理念面体现出中国高校教师一直以来在教育岗位上的追求。而"终身学习"的理念则更多地体现出现代信息社会对高校教师发展的新要求。高校教师树立了这四大基本理念，对高等教育发展具有积极良好的导向和评价作用。有怎样的教师理念就会有怎样的教师实践。教师理念虽然不同于教师实践，但高校教师的工作实践却反映了其基本理念。高校教师应当用这四个基本理念规范自己的教育思想和日常的教育教学行为。

当然，现代高校教师"师德为先、学生为本、能力为重、终身学习"的四个基本理念，也可以落脚在大教育家孔子所提出的"学而不厌，诲人不倦"八个字中。勤奋好学，永无停止，历来就是中国知识分子的传统美德。热爱学生是一个教师必须具备的条件，也是一个教师做好教育工作的前提。所以，古代教育家都把热爱学生看成教师的基本美德。孔子就很爱护学生。无论学生贫富、贵贱，即使学生是"难与言"的"互乡"之人，孔子也能用一颗爱心善待他们，不厌其烦地给他们以热诚的教育，真正做到了"诲人不倦"。在日常生活中，孔子十分关心他的弟子。弟子生病了他去探望，弟子有困难他设法帮助，他凭借伟大的人格力量和对弟子的真诚呵护，赢得了弟子们的尊敬和爱戴。

总而言之，教师要有自己的职业理想追求，要有自身的理论武装，还要有自觉的职业规范和高度娴熟的技能技巧。教师这一职业具有不可替代的独立特性。高校教师不仅是知识的传递者，还是道德的引导者、思想的启迪者、心灵世界的开拓者以及情感、意志、信念的塑造者。高校教师职业标准，既是一种职业资格的认定，又是教师终身学习、不断更新的自觉追求。

第二，教师专业发展。高校教师这个职业相对比较特殊，虽然师范教育专业承担了一部分的教师培养责任，但是，并没有包含高校教师的培养内容。换言之，虽然高校为社会培养了各种人才，但是高校却没有开设与培养高校教师有关的专业。在选拔高校教师的时候会要求应聘者具有相关的专业和经验。一位教师要想成为非常优秀的高校教师，仍需要长久的在职培养。20 世纪 90 年代，我国的研究人员注意到了教师的个人发展问题和培养问题，我国的教育领域也开始把教师培养当作重要的发展议题进行讨论。后来，我国慢慢地建设了与高校教师发展有关的概念，相关人员开始对高校教师发展这一概念的内涵进行研究。通常情况下，高校教师发展包含各种类型、各种方式的高校教师能力提升。在这样的情况下，高校教师要就需进行终身学习和终身提升。我们可以将高校教师发展理解成对刚开始进入高校工作的教师进行能力方面的培养，让其尽快完成自身角色的转变，从而更好地适应这个职业。从高校的角度来讲，对高校教师进行在职培训、注重高校教师的发展可以让他们更好地适应学校工作。

首先，青年教师要站稳讲台。从 20 世纪 80 年代末到 90 年代初，我国高校教师队伍开始新老交替。许多有着丰富教学经验的老教师相继退出教学第一线，代替他们的是一批青年教师。这些青年教师大多刚刚毕业留校，欠缺教学经验，没有经过充分的准备就走上了讲台。这使得高校教学质量出现了一定程度的下降，师资队伍青黄不接。进入 21 世纪后，高等教育实现了跨越式的发展，伴随而来的是高校教师队伍的重大变化，许多青年教师开始在高校教学和科研中担任主要角色。

新进入高校教师队伍的青年教师大多精力充沛、热情活跃，大多数都有很高的学历。但是，他们也有一定的不足，如教学经验不足，不能很快适应课堂等。此外，很多青年教师面对着繁重的教学任务，没有太多的时间和精力进行自主学习来提升自己。一些教师把主要精力放到科研上，在入职之初就开始忙着申请项目、发表论文。在这种发展形势下，最先被他们舍弃的就是教学。此外，虽然很多高校在青年教师培养方面做了不少工作，也取得了不错的效果；但是，与青年教师数量的增速和高校教育教学工作对青年教师的要求相比还有很大的差距。其实，很多刚入职的高校青年教师虽是博士毕业，但由于一直进行的都是专业课程学习，科研思维一直占优势，缺少师范类课程的训练。他们虽然对于专业知识了解透彻，但一上讲台就容易不知所措。他们也希望自己能够很快过教学关，把课上好，成为新一代优秀的高校教师。为此，高校必须采取一些有效措施促进青年教师先站稳讲台。

高校要给予青年教师更多教学上的关心和指导。一般而言，新入职的教师经验少，教学胆怯，这就需要有经验的教师和领导给予青年教师更多的关心和帮助，除鼓励青年教师参加进修和培训外，还要通过互相听课、评课等形式，与他们共同探讨和研究教学中遇到的问题，寻找解决问题的方法；特别是要从备课抓起，指导青年教师做好教学设计，写好课程实施大纲，选择好教学内容和方法。同时，青年教师在现代化教学媒体和手段的应用方面有优势。高校可以帮助青年教师将现代化教育教学思想与信息技术结合，调动青年教师研究教育教学的积极性。从长远着想，有经验的教师还要指导青年教师阅读《高等教育学》《心理学》等书籍，提高他们的教学理论水平和对教学的反思总结能力，促进他们不断改进和完善课堂教学方式。同时，有经验的教师也要处处为青年教师做好表率，积极宣传青年教师的教育教学成绩，关心青年教师的生活，与他们加强交流和切磋，不求全责备，及时消解青年教师可能出现的对教学厌倦和抵触情绪，通过认真、耐心和热情的指导、督促和检查，严格要求青年教师，避免青年教师走弯路。可见，促进青年教师专业成长，不只是单纯地强调教学技能，还要关注教师职业能力的提升。

高校可以建立和完善青年教师助教制度。虽然高校青年教师在入职后都要参加系列的岗前培训，通过培训即使有一定的收获和提高，但这类收获和提高也并不能持续，新教师对高校的认识和对教学的理解很有限，教学能力持久、全面提高的机制还不完善。因此，高校可以推进教学工作的老中青相结合，发扬传、帮、带的作用，以加强对青年教师的培养。此外，有些高校采用青年教师助教制度，指定有经验的教师与青年教师结成"师徒"，通过有经验的教师指导青年教师，帮助青年教师了解并学会先进的教学方式，积累更多的教学经验，树立教书育人的责任感，全面提升教学水平。许多高校还组建了教学团队，实施了新老教师结伴成长计划，有经验的教师要帮助青年教师尽快站稳讲台，这都是当前提高高校教学质量的有效举措，需要高校坚持下去并不断进行更新和完善。

其次，正确处理科学研究和教学之间的关系。高校的良好发展主要依托于教学工作和科学研究工作。教师除了日常的教课之外，也要参与科学研究工作。从理论的角度进行分析，教学和科学研究是相互促进的关系，但是，无论是教学工作还是科学研究工作，都需要教师付出时间和精力，所以教学和科学研究有时会有矛盾。

目前，很多高校教师无法正确处理教学与科学研究之间的关系。有的教师将大部分的注意力放在科学研究方面，对教学工作的开展积极性不高，没有关注教学问题，这导致教学质量受到了影响。教学对科学研究的影响是重大的，如果科学研究脱离了教学，那么科学研究就没有办法提升至更高的水平。如果教学脱离了科学研究，那么教师也很难真正向学生传递科学探究过程当中的无限可能性，很难让学生感受到科学探究所带来的巨大创造力。换言之，教学和科学研究之间的关系应该是相互促进的。教学是高校发展的基本任务，与此同时，科学研究活动的开展也是高校发展的重要任务。在知识发展过程中，教学一直处于前沿状态，教师只有了解现代的技术和知识，才能真正地提高教学效果。

只有参与科学研究，教师的教学水平才能真正提升。在参与科学研究的过程中，教师可以从科学研究当中获得教学灵感。如果教师不关注科学研究，不参与科学研究，那么就没有办法及时了解本学科领域内的发展动态，也不会对学科发展产生更深刻的理解，也就没有办法与学生分享自己参与科学研究的领悟，没有办法传递给学生参与科学研究的严谨态度，也不会让学生掌握参与科学研究的基本方法和基本思路。教师如果没有科学研究的相关工作经验，那么在上课的过程中能做的就只是宣读教材当中的内容，而没有办法真正培养学生对专业学习的兴趣。

高等学校的发展离不开科学研究工作，高校要想提升教学水平，就必须依赖一流的科学研究。科学研究是高校进行创新的根本。高校在发展过程中如果不进行创新，就没有办法培养出优秀人才，也没有办法培养出优秀教师。一位高校教师只有成为优秀的研究者，才可能成为优秀的教师。这是因为只有研究者才有能力引领人们去探求知识的本源，也只有优秀的研究者才具有科学精神。优秀的研究者就是学问的化身，人们在与优秀的研究者进行交流、探讨时可以发现科学的本质面目。在这样优秀的教师的引导之下，学生也会产生科学探究的兴趣。而且，只有优秀的研究者才能向别人传授新鲜的知识，普通的教师只能传授课本当中的固化的知识。除此之外，大学教师要想提升自身的水平不能仅仅依赖于听课，而是要真正地实践、真正地动手、真正地参与科学研究。对大学教师提出科学研究方面的要求，其实是为了助力科学发展，也是为了提高教学质量。教师只有参与科研学研究活动才能获得知识，才能创新思想。

教师要想使教学和科学研究之间关系协调，就要科学地分配自己的精力和时间。教师要想开展科学研究，就要先做好教学工作。正确的做法是：教师同时进行教学和研究，让教学成为研究的指导，让研究成为教学的实践，教师可以利用科学研究了解学科的发展动态，了解社会对人才的最新需求。只有在了解的基础上，教师才能为学生做出正确的指引。如果缺失了科学研究，那么教师就只能变成熟悉理论知识的职业教书工匠，没有办法为本领域的发展做出贡献。对于青年教师来讲，正确看待科学研究和教学之间的关系是尤为重要的。青年教师只有有了正确的认识，才能做出正确的行为。

教学工作、科学研究工作的开展都要求教师投入精力和时间。在真正进行选择的时候，教师还要结合实际情况。如果学校有非常强的科学研究能力，能够为自己的科学研究提供硬性条件方面的支持，那么教师就可以将更多的精力放在科研方面。反之，如果学校的科学研究水平有限，那么教师就应该尽可能将自己的注意力和时间放在教学方面。除此之外，青年教师还要思考自己擅长哪个方面。如果自己擅长教学，那么青年教师可以将更多的时间和精力放在教学方面；如果自己擅长科学研究，那么青年教师可以将时间和精力放在科学研究方面。一个在教学方面取得良好成果的教师，不一定会在科学研究方面也获得优秀的成果；同样的道理，在科学研究方面取得大量成就的教授，不一定能够很好地开展教学活动。青年教师必须认真思考这些问题，然后决定自己在成长过程当中的侧重点，这样才能避免自己走过多的弯路，才能尽快地找到自己的职业发展方向。当然，这一切的前提都是教师必须把教学当作基本任务和首要任务，在此基础上去正确看待科学研究和教学之间的关系。

总体而言，对教学和科学研究的关系产生影响的因素过多，所以，在实际操作的过程中，教师要分析多种因素的影响。本质上，二者是相互促进的。对于高校来讲，教学和科学研究是发展过程中不可或缺的两个部分。

只有让二者协调发展，高校才能稳定发展。

最后，建设教师教学发展中心。教师教学发展中心是新近在我国大学中得到广泛设置的一种机构，该机构最主要的作用是通过开展教师培训、研究交流、咨询服务等各项工作，切实提升本校中青年教师教学能力。

国家级高校教师教学发展示范中心建设的内容包括：一是对教师进行培训。教师培训的对象为整个高校中的所有教师，一般将中青年教师和研究生助教作为重点培训对象。培训应围绕新的教育理念、新的教学技术和提升教学能力等内容展开。二是为教师提供教学咨询服务。教学咨询服务应该覆盖全体教师，也要重点针对青年教师、中年教师。教学咨询服务主要是为了培养出个性化的教师，为教师的专业成长提供帮助。三是注重教学改革方面的研究。教学改革可以借鉴优秀经验，可以学习并且引入国外的教学理念，应该注重公共基础课程以及核心课程方面的改革和创新，探索出全新的教学模式、教学方法，让教师了解新的教学理念，学习现代化的教学技术，改变教学策略、教学技巧。教学改革更注重教学环境的营造，关注学生的教学需求，力求打造出具有特色的中国教学文化，持续推动我国高校教学质量的提升。四是注重教学质量评估。高校应该对所有教师的业务水平、业务能力进行检查，考核教师的教学效果，通过评价的方式促进教学效果的提升。五是为教师的成长提供优质的教学资源。高校可以利用优秀教师带动青年教师的方式让教师们分享教学经验，切实提高高校整体教师的业务能力水平。六是为区域内的教师教学发展提供支持，并提供培训和实践机会。针对区域内的骨干教师展开全面培训，向区域内的主干教师传授教学经验，充分发挥教学发展示范中心的引领作用。

2. 高等教育的学生

（1）"以人为本"的学生个性发展

高等教育的重要性体现在育人方面，即为国家、社会培养出具有鲜明时代特征、强大的创新力和想象力、个性独特的优秀人才。高等教育会因人制宜地营造一种浓厚的人文气息、深厚的文化氛围、良好的学习环境、优秀的育人机制、先进的教学理念、系统化的管理模式、鲜明的校园文化等。在这样的环境中，高等教育能够更好地贯彻"以人为本"的教育理念，为培养学生的个性、为国家源源不断地输送优秀人才奠定坚实的精神文化基础。

第一，"以人为本"促进学生个性发展的重要性。高校学生正处于青年发展的中期。处于这一时期的大学生性格特征明显，如不够成熟、对社会认知较浅、社会经验不足等。高等教育坚持"以人为本"的理念可以很好地解决这些问题。高校新生大部分生理成熟但心理不够成熟。很多大学生的个性特征相当明显，因此高等教育需要因人制宜地制定相关的教学内容和教学方法，关注学生的个性发展和心理状况，尽可能地减少学生之间的差异，有意识地培养学生的自我认知能力、自我提高能力和自我完善能力。高校要在教学过程中培养学生的团结协作能力、团队服务意识。

"以人为本"的高校教育理念能够促进高等教育的发展，具有强大的凝聚力、创造力和人文性。在这一理念的支持下，高等教育要采用多样化的方式对学生进行评价，为学生的个性发展提供充足自由的空间，从而引导学生学会正确地认识自我、评价自我、控制自我和设计自我，提高学生的创新能力，为学生踏入社会、适应社会的发展提供奠定基础。

第二，高等教育中"以人为本"与学生个性的发展。

首先，要转变传统的教育观念。现代社会对人才的需求是具备较强的创新能力、适应社会的能力、实践能力等，因此高等教育需要在教学过程中转变传统的教育观念，树立新的人才观。在教学过程中，要采用多种手段激发学生参与的积极性。由于每个学生在生活环境、性格气质、对知识的掌握能力、生理发育状况等方面有很大的差异，因此高等教育需要根据这些差异转变教师的教学观念和教学方法，在实际教学过程中做到因势利导和因材施教，从多方面提高学生的学习成绩、创新能力和学习经验等，让学生的才能和天赋得到充分的发挥，为国家和社会提供德智体美劳全面发展的优秀人才，这也是高等教育坚持"以人为本"的原因之一。

其次，要树立民主平等的观念。在高等教育中，对师生关系要树立民主平等的观念。教师要尊重学生的独立性和自主性。学生要尊重教师，在尊师重教的基础上向教师学习，提高自身的能力。在教育过程中，高等教育要摒弃传统的教学方法，建立起相对平等、民主和相互尊重的师生关系，培养学生树立自尊、自信、自立、自强的信念；要改变传统的教学评价方式，教学评价方式要多样化、丰富化；要为学生提供充足的发展空间，如根据学生的学习兴趣设立相关课程、鼓励学生自主选修课程、开展相关讲座沙龙、提倡学生跨校听课等，从而培养学生发展创新的能力，促进学生的个性发展。

再次，对特殊的学生群体给予关注。高校的教职工都应该针对学生的个性特征给予充分的关注。西方现代人本主义心理学家亚伯拉罕·马斯洛（Abraham H·Maslow）提出了"自我实现"，也就是激发学生，让学生的潜能得到实现。因此，高等教育需要对学生进行教育和指导，重视潜能的培养和个性的发展，充分体现以人为本的教育理念，充分体现以学生为中心的教学原则。但面对一些特殊的学生群体，如内向、以自我为中心的学生，教师就需要对他们给予更多的关注，了解他们的具体情况，提出相应的解决方法。

最后，要坚持以人为本，构建和谐校园。在高校教育中坚持"以人为本"的教育理念，构建和谐美好的校园，可以从三个方面进行：一是营造良好的民主管理环境。一个和谐、温馨、美好的生活环境可以充分调动学生的学习积极性，使学生的心情舒畅，让学生在愉悦的环境中学习和生活，可以提高学生的学习效率和做事水平，提高学生的文明程度，为学校的建设和发展带来生机和活力，营造出积极向上、尊重他人、共同发展的校园文化氛围，让学生感受到学校为其提供的人文关怀和温暖。这样的环境可以改善高校的教学质量，增强高校的凝聚力。二是营造鼓励创新的校园文化氛围。在高校的学习生活中，除了正常的教学生活外，高校还需要鼓励学生积极参与各种学术讲座和学术论坛，开展各种学术活动，创设相关的创新基金，激发学生的学术思维，鼓励学生发表自己的思想和看法、提出学术见解，以便提高学生的创新能力。三是营造良好的竞争氛围。除了积极鼓励学生参与学术讲座和学术论堂外，高校还要为学生的发展提供更多的表现机会，如一些校内比赛、地区性竞赛、全国性比赛等，可以让学生在参与竞赛的过程中提高竞争能力、培养良好的心理素质，从而在全校形成一种积极向上、不惧压力、主动参与和永争第一的学习氛围。

高校要营造良好的学习氛围，需要坚持"以人为本"的基本原则，在学校内部创设适合学生发展的管理制度和竞争环境，减少对学生采用高压式的管理模式，让学生在平等、和谐、自由的环境中健康发展。综上所述，教育是否能够为国家和社会提供其所需要的人才，可以作为衡量一个国家经济社会发展是否先进的标准之一。高等教育在教学过程中坚持"以人为本"的教育理念，可以使高校学生实现身份的转换，将学生从被动接受教育者转换为主动接受者。高校教育把学生从受教育的客体转换成接受教育的主体，将提高学生的修养、素质和能力作为教育活动的目的。但这也对高校教师提出了更高的要求，教师要不断地提高教学能力，加强教师的自我修养，在教学过程中，高等教育把尊重、提升和发展学生的主体性作为教育的目的之一。高等教育之所以要坚持"以人为本"的教育理念，就是要尽可能地促进学生的个性发展，为社会提供个性完善、人格独立、创造性强的人才，突出高等教育对社会人才培养的重要作用。

（2）自由与学生个性发展

在改革开放全面推进之后，社会的开放程度明显提高，人们的思想也变得更加开放。在这样的环境中，人们更加注重个性的发展。与此同时，社会步入了知识经济时代，更关注创新人才，这使得教育开始注重学生的个性发展，为学生的个性发展提供了充分自由的空间。

第一，个性与个性发展。个性是个体心理特征中非常稳定的一种特征，能代表个体心理特征的某种情感倾向。个性的形成会受到遗传、学习和成长等因素的影响。个性特征主要体现在学生需求兴趣、性格、价值观和能力等方面。个性的形成以生理作为基础，在这个前提下，社会当中的主体和客体在发生相互作用的时候促成了个性的生成，形成个性代表。个体具有了一定的特殊技能、特殊能力，代表个体的需求层次有了一定的提升，代表个体有了自己的兴趣爱好和价值观。

个体的个性发展既有利于个体的成长，也有利于社会的进步。一是个性得到充分发展的个体会更加积极主动，有积极向上的内在动力作为支持。在这种动力的支持下，个体更容易成长为有才华的人、成熟的人。二是个体的个性充分发展可以助推社会的发展进步。社会是由基础的个人组合成的集体，但并不是所有个体奋斗成果的简单合成，而是整个集体共同发展之后获得的进步成果。个性的发展有助于集体经验范围的扩大，进而可以实现人类的整体发展。

第二，自由与个性发展。班级教学在学校教育当中的应用极大地提升了学生的培养效率。但是，班级教学的教学模式非常单一，而且所有的学生都要遵循规章制度的约束。这使学生从教学当中获得的自由越来越少，也使得培养出来的学生越来越统一。在这样的情况下，人们意识到了自由缺失的严重性，开始倡导教育要关注学生自由，关注学生个性成长。

自由的解释有很多种，本书中的自由指的是人在社会活动中具有的活动自由。在步入现代社会之后，个体有越来越大的活动空间。在社会活动空间当中，个体自由不能妨碍他人的正常活动。换言之，这种自由是需要承担一部分责任的。一是它不可以影响他人自由活动的基本权利。二是个体需要承担自由行为带来的后果。总体而言，这种自由属于消极自由，有权利不被别人干涉，但是又不是完全的消极自由；它在享受不被别人干涉的时候，也在试图去突破限制，所以它也有积极自由的成分。消极自由在一定程度上为个人的成长和发展提供了基本保障，但是它也为自由发展设置了责任范围，让自由有了一定的约束。

个体和他人之间的区别主要通过个性来体现，如果个性发展受到了外在的压制，那么个性便没有办法体现。所以说，个性发展需要自由，需要自由的时间、自由的空间，只有依赖于时间和空间的支持，才能实现个人、发展个人。在社会活动当中，个体可以获得自由活动、自由生长的机会，也可以在活动当中不断地进行自我反省、自我评价，肯定自己的优秀，改正自己的不足。自由并不是完全自由，而是有责任的。责任赋予了个体主动性，让个体可以主动选择、主动发展、主动实现自我。自由具有的责任极大地帮助个体形成和构建个人能力、个人性格、个人世界观。个性在发展过程中必然离不开自由，个性得到自由发展之后，个体的理性也会在一定程度上有所发展、有所进步，理性的发展可以让个体更好地运用其具有的自由权利。

大学是一个人重要的发展阶段之一。大学对个性的形成和发展有重要影响。在这个阶段，学生会形成更强的自我意识，会有更高的思考能力和创新能力。所以，大学需要为学生提供适合其个性发展的校园氛围。教育自由包括大学自由，而大学自由主要涉及学生、学术、教师以及高校自治方面的自由。大学应该尽最大努力为学生的个性发展创建自由的教育环境。

第三，学生自由与个性发展。一方面，学生自由指的是学生可以自主地参与学校举办的教育活动。换言之，学生会获得更多的教育主动权、教育自主权，掌握了他们权利范围内的教育自由。之前的传统教育模式更加注重教师权威性的树立，强调教师是绝对正确的。在这样的情况下，学生的主体性没有得到重视，学生往往是知识的被动接受者。这种教育模式培养出的学生不会具有较高的创造能力。另一方面，学生在生活方面具有的自由。学生的自由是在某个范围之内的相对自由。

首先，学生自由让学生有了更加协调、更加和谐的生活环境。学生转换了角色，不再是教育的被动接受者，而是变成了参与者。他们可以在教师的指引之下自由、自主地参与学习和生活，而不是处于被监视、被处罚的学习环境当中，在得到了自由之后，可以将自己的想法表达出来。不仅如此，学生在展示自己的与众不同时，可能会得到教师的嘉奖，这有助于学生个性的养成，也有助于学生创新能力的提升。

其次，学生在拥有更多自由之后，学习时间和学习空间都会得到解放，可以对多余的时间进行自主掌控和自主支配，这些闲暇时间是个体与个体之间差异出现的重要时间。最开始，人类就是利用闲暇时间进行学习的，学习的出现导致了最初人类个体与个体的不同，一部分人利用学习得到了更好的发展。现在也是一样的，学生完全可以把业余时间用来学习自己喜欢的项目，发展自己的爱好，开阔自己的视野，树立正确的人生观、世界观。而且，利用业余时间，学生可以开展读书、社交、娱乐等方面的活动，调节日常学习节奏；还可以从其他方面获得自信，从而激发出自己内部的积极因素和潜在因素，让自己的能力得到全方位的发展。

最后，赋予学生自由。教师转变工作角色和工作地位。教师和学生在教学当中处于平等地位，在某种程度上，教师是学生学习的指导者，而不是之前的监督者和决定者。在这样的情况下，学生可以展开自主学习，自由处理遇到的生活问题。但是，在获得自由的同时，学生也要承担更多属于自己的责任，遇到事情要仔细思考、认真对待。例如，在选择要学习的学习内容时，学生应该考虑社会需要，也要考虑自己的兴趣爱好。在获得一定的主动权之后，学生的积极性和主动性会使学生积极地表现自我和彰显自我。在这种自我表现的过程中，学生可以更为全面地提升自我。学生自由可以在最大限度上影响学生，也可以直接助力学生的个性发展。除此之外，教师、管理和学术方面的自由会对学生自由个性的发展产生间接影响，高校可以从整体角度出发为学生构建适合他们个性发展的自由环境。

第四，教师自由与学生个性发展。这里提到的教师自由指的是高校应该对教师进行相对自由的管理，给予教师一定的权利，让教师可以自由选择教学内容和教学方法，从而在教学中展现教学个性。教师自由可以潜移默化地对学生的个性成长产生影响。波兰尼的缄默知识塑造了全新的知识观念，从科学角度对教师自身素质的重要性以及教师的以身作则的有效引导做出了解释。知识可以分成两个类别：一是缄默知识，就是没有办法使用语言表述的知识，这类知识具有的特点是情境性以及个体性，它们的影响是潜移默化的。二是明确知识，就是教材当中的知识。这些知识可以使用语言表述出来，并不会对学生的性格产生影响，学生的性格主要受到日常实践活动的影响。在一般情况下，教师的教学风格会影响学生的气质和学生的性格。教材当中的那些缄默知识需要借助于教师的讲授才能发挥作用。如果学生喜欢教师的教学风格，那么教师就会对学生的性格和气质产生积极的影响。

第五，学术自由与学生个性发展。学术自由最重要的方面有两个：一是思想自由，二是言论自由。思想指导行动，思想的发展会直接影响学生的个性发展。学生只有具有了独立的思想，才能是具有个性的学生。高校注重学生对知识和真理的掌握。但是，无论是知识还是真理都存在相对性，知识和真理是不断完善、不断优化的，而且个人对知识和真理的理解角度不同也会形成多样的理解结果。个体的思想必须承认这种多样性。只有承认多样性，个体才能根据个性进行发展。高校应该允许学生自主进行知识的探究、自主选择了解知识的角度。如果高校在这个时候还对学生进行自由压制，没有给学生自主探究的机会，那么学生就没有办法形成独立的思维，也就没有办法成为有个性的人。

第六，管理自由与学生个性发展。高校属于学术机构，它的发展规律决定了它应该在某种程度上进行自治。高校开展依法自治可以提升民主氛围，可以为师生的发展提供更加自由的环境，是教师自由、学生自由和学术自由的根本保障，有助于学生的个性成长。

综上所述，高校要想为学生的个性成长创造更优秀的环境，就需要做到学生自由、教师自由和学校管理自由。高校教育首先应该把学生看成独立成长的个体。虽然自由具有双面性，但是，高校如果可以合理地运用自由，就能更大程度地促进学生发展，也能使学校更好地发展。高校应该从尊重学生的角度出发，为学生的个性发展提供自由的环境，真正做到学生全面发展与个性发展的结合。

3. 师生关系的建立

师生关系是高校各种关系中最基本的关系，也是最核心的关系。建立良好的师生关系是保障高校教育教学、科学研究和管理工作顺利进行，提高高校核心竞争力，建设世界一流大学的关键。因此，正确理解高校良好师生关系的内涵和意义，认识和把握制约和阻碍师生关系良性发展的问题，从而采取切实合理的措施来解决这些问题，对于建设一种民主的、平等的、充满活力的、健康的、良好的高校师生关系具有重要的意义。高校师生关系是教育教学活动中最基本、最核心的关系。这种关系十分活跃,对教学活动的质量和效果产生着直接的影响,因此,根据社会发展和高等教育发展的客观要求,需要构建一种良好的新型高校师生关系。这种师生关系建立的特点如下:

(1)尊师爱生

尊师的美德是就学生而言的。历史发展至今,尊师始终是中华民族的优秀传统美德。但是,随着社会多元化的发展,思想发生了很大的改变,尊师的观念慢慢开始淡化。在建设新型师生关系的过程中,应该加强学生的思想道德建设。首先,学生应该尊重和认可教师的努力和工作,积极配合教师的工作,促进师生之间的交流,虚心求教,刻苦钻研,刻苦学习。其次,学生对待教师应该做到宽容和理解,教师有时也会犯错误,学生应该正确看待教师的错误。最后,教师都有自己独特的教学特点和风格,学生应该正确地看待教师的独特性。师生关系是一种互动的关系,学生对教师的态度直接影响师生关系。因此,学生应该理解教师在某些方面的局限性,理解和尊重教师,在生活和学习中与教师真诚相对,多主动与教师进行沟通。

随着社会的发展,高校教师应该树立新型的教师权威观。教育是人类进步不可或缺的一种组织活动,始终需要教师的权威。但是,教师的权威性质应该随着时代的变化而变化。随着平等、民主理念的发展,师生关系从本质上发生了改变,教师不能再采取惩罚、压服的方式教育学生,更多的是引导、教育和说服。新型的教师权威强调教师在教育学生的过程中要充分利用个人因素引导和影响学生,以个人的人格特征和内在素质教导学生。因此,教师应该不断完善自我,提高自己的文化素养;还应该形成良好的道德风范,以自身的独特魅力吸引和引导学生,从精神上感化学生。

要想获得学生的信任,教师就要真诚地关爱学生,这也是教师做好教育教学的必要前提。高校的教师必须要有崇高的职业道德,以学生为主体,热爱学生,理解学生,与学生建立良好的关系,关心、爱护全体学生,尊重每一位学生,用平等的眼光看待每一位学生,善待和宽容每一位学生,促进学生健康、全面发展。

（2）民主平等

在高等教育活动中，学生和教师是缺一不可的两大主体。教师的职责是教书育人，具有主导性。学生是教育教学的承接者，是教育的主体。学生有其独特的身心发展特征，教师在与学生交流的过程中，应该遵循民主、平等的原则，要放下自身的权威性，平等、友好地与学生相处，成为学生真正的良师益友。另外，从人格的角度看待师生的平等关系，教师和学生在人格上是平等的，不具有等级性。在日常的生活中，教师和学生应该相互信任、相互尊重。并且，所谓的平等关系并不是绝对平等，因为教师和学生的某些职责范围不相同，所以双方主导的方面也不相同。

从认知角度出发，教师与学生的认知关系只是一个在前而另一个在后，这两者之间并没有尊卑之分；从情感角度出发，教师和学生在人格上都是独立的，学生和教师都是独立的个体，有其独特的情感表达方式和内心情感世界，应该相互尊重和理解。教学的过程是需要师生合作的。良好教学氛围的营造能够提高教育教学的效果，是师生共同追求的教学目标，良好的氛围需要师生的共同努力。在大学阶段的教育教学中，学生是接受教育的主体，但是同样具有独立的人格。当学生犯错时，教师应该及时提出批评，并引导学生改错。

新型师生关系的精髓是承认师生双方都是平等的人、有独立意义的人、有主体性的人。平等的师生关系能够改变学生在教师面前的不自在、不自信甚至不愿意交心的状态，加深师生之间的相互了解，进而形成良好的师生关系。师生平等能够帮助学生敢于打破权威，培养创新精神和探究精神，提高自主能力和创新精神。所以，随着新课程改革的大力推行，教师应该彻底转变教育理念，以学生为教育的主体，将学生看成独立的人，这是新型师生关系建立的必要前提。在大多数情况下，教师的潜意识认为学生是小辈，认为自己才是教育教学的主体。但是，事实并非如此，高校师生关系的建立需要师生相互理解，共同创造新型的师生关系，并且在与他人交往的过程中，做到积极主动、相互理解和尊重。因此，学生应该像尊重父母一样尊重教师，做到虚心求教、尊师重道。学生还应该把教师当作引导自己前进的明灯，引导自己走向远方。学生是学习的主体，在面对教师时，一定要积极发挥主观能动性，克服害怕心理，积极主动地与教师沟通、向教师请教，平等、坦诚地与教师交往。

对话平等需要教师和学生都保持良好的态度和正确的认识。高校的师生关系应该是"学者—学者"的关系，而不是以"老板—员工"或者"师傅—徒弟"的关系为底板，这样才能从根本上建立平等的关系。高校师生之间的关系必须是平等、友好、和谐的，只有这样的关系才能营造一个良好的教学氛围，才能真正实现师生共同思考和共同进步。当教师转变了教育理念，整个教学氛围就会变得更加平等、友好、和谐。师生在这样的教学环境中能够自由交流和对话，师生之间也不存在依附关系，极大限度地实现了平等教学。在平等的关系中，师生双方都具有了独立的人格，并都能够敞开心扉，平等地交流和沟通。尤其是随着互联网的发展，学生获取知识的渠道不断多元化，新一代青年对新事物的掌握更具优势。高校教师应该充分认识到教师与学生民主、平等的关系。高等教育更应该注重发挥学生的自主性和教师的引导性。在教育教学的过程中，教师应该明确教学目标，为学生营造一个充满乐趣的教学氛围，师生应该在民主、平等的教学氛围中共同进步。

（3）教学相长

高校新型师生关系的主要内容是：在学习上，师生应该相互促进、相互启发、教学相长。师生关系的建立是基于教学过程的，师生的主要人际关系集中在"教"和"学"两个方面，两者在互相渗透的同时又相对独立。在教育教学的过程中，教师的基础知识储备和研究相关问题的能力优于学生，所以，在学术权威上，教师更胜一筹；但是，在发散思维和开拓创新上，学生具有绝对的优势。只有相互尊重和理解，才能实现教学的教学相长，才能促进师生之间的交流沟通，进而建立平等、自主的师生关系。由此，教师的积极期待和消极期待会直接影响学生的发展和成长，会让师生之间产生隔阂。因此，教师和学生都应该互相信任、互相欣赏，让学生在教师的积极引导下不断激发出内在潜力。

在具体的教学实践中，高校学生主要依靠教材获得知识，通过教师的课堂传授有效地接受知识，这种教学模式是高等教育最常见的方式。传统的教学理念是：教师只是单纯地传授知识，学生则机械化地掌握知识。相较于传统教学模式，现代的教学理念是培养学生的综合能力，引导学生树立创新意识。对现代教学而言，最重要的是如何从传统教学模式中有所突破，改变以往机械化的教学模式，将以往被动式的学习模式转变为自主式的学习模式。在现代的教学理念中，教育教学的过程是人际交往的过程，在此基础上，更注重师生关系的有效建立，更强调人际关系对教学的重要性。所以，和谐的师生关系是现代教学课堂的重要组成部分，通过师生之间的信息沟通和交流，最终实现教学相长。

二、高等教育的社会功能

高等教育的任务是培养具有社会责任感、创新精神和实践能力的高级专门人才，发展科学技术文化，促进现代化建设。高等教育的这一任务是由它的专门机构——高等学校来实现的。换言之，高等学校是承担高等教育任务的专门机构，高等教育促进社会发展和人的发展，主要通过高等学校的职能发挥来体现。高等学校的功能，就是高等学校在社会发展中应该履行的职责和发挥的作用。"高等教育功能不仅表现着社会经济、政治文化，满足社会主体现实和未来的需求，而且主动地参与其中的变革，进行着选择与创新"[①]。高等学校只有明确了自身的社会功能，才能有明确的办学目的和方向。高等学校的功能反映着高等学校和社会之间的作用关系。与其他各类学校同社会之间的作用关系相比，具有许多特殊性，这些决定了高等学校社会功能的特点。高等教育的社会功能包括以下方面（图1-2）：

---

① 张西方.论高等教育功能的拓展[J].山东师范大学学报（人文社会科学版），2010，55（6）：98.

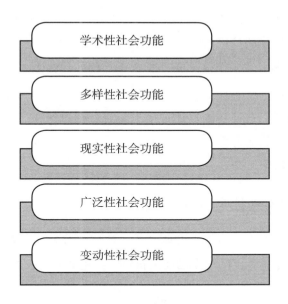

图 1-2　高等教育的社会功能

（一）学术性社会功能

高等学校的学术性决定了其社会功能方面的学术性。高等学校传递的知识是高深的，其主要目标是培养高级专门人才；高等学校拥有高水平的科学研究能力，能够对知识进行创新；高等学校社会服务的基础是创造并传播高深的知识。可以看出，研究的任务是获取知识，教学的任务是传递知识，而知识是为社会服务的。高校的教学并不是简单地传授知识，而是在知识的传授过程中要创造出新的知识。因此，高校教学的过程并不仅仅是对创新型研究者的培养，还是知识向新发展的过程。高校的另一个功能是社会服务，这是一种服务于社会的学术性活动，紧密联系着高等学校的教学和科学研究。

（二）多样性社会功能

高校有一个明显的特点，即具有多样性社会功能。高等学校的功能分别为发展科学、培养人才和服务社会，而这三种功能各自也具有多样性，有着十分丰富的内涵，这种多样性体现在人才、知识和服务内容上。另外，高校能通过多样化的途径发挥功能。任何功能的发挥都会通过多种途径，各个功能发挥作用的途径也可能有所重合。例如，在人才培养方面，教学并非唯一的途径，还有社会实践和科学研究等。科学研究也并非发展科学功能的唯一途径，这项功能要通过学术交流、知识保存甚至教学等途径发挥作用。在社会服务方面，由于服务有不同的目的和内容，因此社会服务的途径更为多样化。

（三）现实性社会功能

高校与社会联系的直接性和密切性，决定了高校功能具有明显的现实性，这种现实性在高校的很多功能上都有突出的表现。

1. 高等学校培养专业人才的功能

高校主要的教育内容并非基础教育，而是成才教育和专业教育，高等学校会对社会所需的各类人才进行专业培训。社会对人才的需求会影响高校专业人才培养的素质、数量和类型。在市场经济环境下，人才市场会对高等学校专业人才的培养起到调节作用。

2. 发展科学知识的功能

高校在确立研究课题尤其是开发与应用性研究课题时，必须要充分考虑现实需求，要认识到高校课题研究的最终目的是满足社会客观现实的需求。

3. 社会服务功能

高校在服务社会方面比较现实，社会能直接从高校处获得所需的服务。高校能够对社会中的一些问题进行解决。

（四）广泛性社会功能

不管是在服务社会、发展科学知识等方面，还是在专业人才的培养方面，高校的功能都有着广泛的内涵。高校会针对社会的职业需求来培养专业人才，因为高校的人才培养目的是满足社会需求。高校有集中的人才、优越的条件，且拥有十分密集、齐全的知识学科，研究方面呈现多样化，能够将大量的新知识提供给社会。服务社会功能的发挥需要建立在发展科学知识和专业人才培养的基础上，这体现为高校直接参与社会各个方面的活动。高校紧密地联系着社会，并且拥有广泛的功能。

（五）变动性社会功能

高校的功能是始终随着时间变化的，这体现于高等学校与社会之间的联系及其发展演变的历史，这种变化在高校的各种功能的内涵上都有体现。

1. 累加是高等学校功能演变的主要形式

高校功能内涵变化的显著性体现在人才培养的数量和种类的增加，以及高校本身功能越发的多样化上。

2. 社会的需求会时刻影响高校功能的内涵发展

高校能够在社会发展的过程中不断地改进自身从而适应社会需求，这正是高校能够生存和发展的关键。高校是以调整或增加功能为主要目的来进行改革的。只要社会持续变化，高校功能的变化就不会停止，会变的只有变化的程度和速度。

第二节　高等教育国际化的理论支撑

一、国际化教育的理论支撑

（一）国际化教育的学习观

国际化教育将学习者的意义构建放在首要位置，在一定程度上推动了学习者体验和参与的积极性，进而加快了其获取知识的速度。国际化教育的注意力集中在学习者身上。不同的学习者有不同的身份，所掌握的工具和技术都不相同，通过自主学习和探索将学到的知识进行整合，进而完成知识的主动构建。从这个过程可以看出，处于主导地位的学习者要在不同的环境中学习，及时地对自主学习的过程和结果进行测评，如果发现问题就要及时改正，并反思问题出现的原因。国际化教育的学习观看重的是学习过程，强调的是个性化和个人能力，对于学习者对知识的掌握程度并不看重。

（二）国际化教育的教学观

国际化教育的教学观改变了教师的角色设定。从传统教学的角度来看，教师将知识教授给学生，是学生获取知识的重要途径。然而，在国际化教育中，教师处于主导地位，主要作为咨询者、协作者和引导者让学生自主进行知识的学习和探索。如果教师的地位发生变化，也就意味着教学方式发生了变化。课堂教学的形式不仅有传统的讲授式教学，还有自主学习，教师应该让学生积极、主动地参与进来，让学生处于主导地位进行自主学习。传统教学的目标是监督学生更好地学习知识；国际化教学的目标是帮助学生更好地利用并发展知识、情感和技能，培养学生自主学习的能力，使学生更好地适应社会的发展需求。

二、高等教育国际化策略理论

"策略"是院校或提供者层面的学术活动和组织策略，路径含有计划性、策略性和整合性的特点。高等教育国际化策略可以分为活动策略和组织策略。活动策略指的是将国际维度整合到其主要功能中的学术活动和服务，其中增加了知识出口和跨国教育两个维度，重新整合了与科学研究和教育有关的活动；组织策略指的是通过适宜的政策和管理体制，确保创建一种国际维度。关于高等教育国际化策略理论的研究具有以下特点：

（一）国际化策略的研究领域具有局限性

大部分相关文献的研究内容都集中在国家层面，而对于国际组织和机构等的研究十分缺乏，只有很少一部分文献中提及了国际组织和机构对高等教育国际化发展所起到的作用。而对于策略理论的研究多从国家政策的角度出发，阐述、分析尚不够系统，归纳、整理亦不全面，未能形成体系性研究。值得一提的是，简·奈特的策略理论以多国的国际化策略为基础，经过多年的整理，以国际视角形成了完善的体系。

（二）对具体策略的研究视角较为单一

对具体策略研究的视角主要集中在吸引留学生、国际交流与合作、课程国际化等内容上。同时，相关研究只对当前发展较为突出的策略进行了论述，对于发展趋势十分重要的内容，如教育教学质量评估、建立国际学习网络等内容的研究还较少。

第三节　高等教育国际化的机遇与挑战

"国际化是经济全球化背景下高等教育发展的趋势，中国高等教育在国际化进程中面临诸多机遇和挑战。"[①]

一、高等教育国际化的机遇

（一）教育理念的国际化

高等教育国际化的到来，为传统教育带来了一场改革，国际化理念能深刻地影响中国传统教育既定的观念，影响传统思维定式，为国际化的合作和竞争增添了新的视角。传统的教育理念仅仅能够满足我国的高等教育的发展和改革，与国际教育的发展程度有一定的差距。长此以往，传统的中国高等教育必将与国际脱节。国际化要求我国的高等教育要避免保守的思维定式，要从全球角度出发，认识到教育的国际化能为我国的高等教育带来深刻的变革，从而帮助我国的高等教育重新确立发展理念。高等教育的国际化能够在冲击传统教育观念的同时，为传统教育带来先进的观念，让我国的教育环境更加开放、更加包容。

（二）教育制度的国际化

国际化思想也为我国的传统高等教育提出了更高的要求。我国的高等教育应对传统的教育管理体制、社会化思想、相关政府部门职能等进行变革。经济全球化也给我国的教育全球化带来了推动力。高等教育应该重视

---

① 季舒鸿，张立新. 论中国高等教育国际化及其着力点 [J]. 教育与职业，2012（6）：9.

全球化战略目标，将高等教育的全球化作为目前高等教育的使命之一，把高等教育放在经济全球化大环境之中，让教育适应环境，并且让教育的改革和发展能够面向国际市场、面向世界。

（三）教育市场的国际化

中国教育国际化的前提就是与其他国家的连接和对其他国家的了解。世界需要了解中国，中国也需要看向世界。我国的传统文化拥有五千年的历史，这种文化根基对于世界上的任何其他民族来说，都是一种宝贵的财富。中国人口规模庞大，使得我国的消费市场极具潜力，许多国家都将目光投向中国这个消费市场。伴随着全球化，越来越多的国家想要了解中国，了解中国的传统文化，这为汉语培训教育领域带来新的发展契机。

（四）参与全球教育治理

全球化的治理以主权国家为核心。主权国家通过与其他行为体的合作，以及正式的制度颁布和非正式的执行安排，不断地协调自己的国家利益以及相关法规政策，共同应对教育正面临的国际和跨文化问题，并且逐步提升共同体当中每一个个体的综合水平。中国教育在未来的改革和教育治理当中，可以接受国际上已有的教育制度，再根据国情改变国际制度需要改善的因素，争取在全球的教育当中取得重要的作用和地位。

中国在全球教育治理中的贡献和参与度，离不开战术和战略的支持，也离不开中国的自强精神以及适应国际制度的能力建设。能力建设在全球教育治理中起着至关重要的作用。因此，国家应更加看重原创性教育思想、理念以及知识的生成，推广和传播教育话语体系，进而得到国际社会以及教育界的认可，最后通过程序设定、协商博弈和议程设置等方式，达到与国际教育进行一系列的合作。

二、高等教育国际化的挑战

"高等教育的国际化发展给中国高等教育带来了前所未有的发展机遇和严峻挑战"①。从全球来看，高等教育商业化等是国际化带来的主要风险，特别是跨境教育。各高校面临的压力是如何参与到国际化进程中去。随着全球化的发展，高等教育国际化与经济和学术全球化逐渐同步，给高校带来了巨大的挑战。国际化可持续发展不仅需要经济资源和人力资源，还需要对资源进行合理利用。高等教育国际化战略的首要任务就是找到符合要求的资源，进而使用资源。但是，国际化的经济问题处理起来比较麻烦。除此之外，课程在流动中也面临着较大的困难。新的提供者在利益的驱使和东道主的邀请下完全不受国界的限制。跨境课的课程结构都是按照提供者的要求来制定的，但有时会给东道主国家的文化标准、市场需求和教育体系带来一定的影响，甚至会出现教育道德、条件和质量的问题。由此可见，课程流动中会有各种各样的问题出现，需要东道主国家的教育部门运用质量框架、国际监督体系和国际标准来解决。

---

① 崔丽，张森.高等教育国际化背景下中国高校的应对策略 [J]. 河北学刊，2013，33（6）：179.

第二章 高等教育国际化发展及战略对策

第一节 高等教育国际化发展方式与动因

一、高等教育国际化发展方式

随着高等教育国际化的发展，中外合作办学在快速发展的过程中出现了一系列的问题，具体来讲：一是中外合作办学的相关机构没有及时、准确地披露相关信息；二是教育机构的收费、职责、监管等事项并不明确，存在收费过高等损害受教育者权益的情况；三是师资力量不能保证，尤其在中外合作办学的情况下，一般师资力量较薄弱。从保护受教育者权益的角度，可以采取三种方法来使中外合作办学规范化健康的发展。

（一）要加强监管

规范中外合作办学的整个过程，从审批开始就处于监管之中，要规范合法办学，提高办学质量，具体包括：

第一，要定期向社会公开办学的类型、层次、专业设置、课程内容、招生规模的情况。

第二，外国教育机构颁发的学历、学位证书应该与所属国相同，并获得其承认，防止出现学历文凭假冒和欺诈的情况。

第三，坚决治理乱收费情况，根据国家有关政府定价确定收费项目和收费标准，及时公布；不经相关部门批准，不能自行增加收费项目或提高收费标准。

第四，当中外合作办学机构依法清算的时候，应优先保证学生的利益，一方面要妥善安置学生再教育，保证学生受教育的权利；另一方面，清算财产优先退还学生的费用，保证学生的经济利益。

（二）要加强师资力量

要保证中外合作办学机构教师的权益。教师是教育的执行者，是办学的关键。教师的素质关系到办学的质量，关系到办学的方向，更直接关系到人才的培养。所以，只有保障教师的合法权益，才能提高教学的质量。在我国，只有确保中外合作办学机构内教师拥有较好的素质，才能培养出现代化建设所需要的人才，才能实现我国推进中外合作办学的根本目的，主要包括：

第一，保证教师可以参与学校的重大决策活动，这就要求配备教职工任职于中外合作办学机构的理事会、董事会或者联合管理委员会。

第二，教职工依法参与民主管理。在学校组建公会、教职工代表大会，教职工依法参与各项活动。

第三，教师的工资、福利待遇依法受到保护。福利待遇应包括为教职工依法缴纳社会保险，而这部分费用和工资在机构依法终止清算时应当清偿。

（三）建立健全相关法规政策

要保证中外合作办学机构的合法权益。教育者的诉求等要及时反映到教育行政部门或其他相关部门，相关部门要按照相关政策及时处理。这些政策法规的最终目的是保证受教育者在中外合作办学机构能够接受良好的、高质量的教育，保障受教育者的合法权益。

二、高等教育国际化发展动因

高等教育国际化发展是符合世界发展和社会发展需求的，在经济全球化发展的环境下，高等教育国际化发展有助于我国社会的经济发展，有助于我国社会其他方面的提升。它的发展是经济和社会共同作用的结果，也是高等教育自身发展的需要。高等教育国际化发展动因如图 2-1 所示。

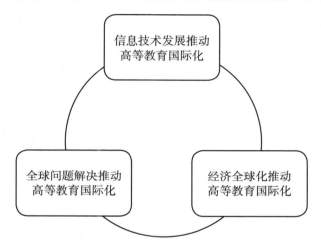

图 2-1　高等教育国际化发展动因

（一）信息技术发展推动高等教育国际化

高等教育国际化的一个动因是信息技术的高速发展。随着新技术革命的发展，信息技术、空间技术和新通信技术经历了从无到有，现在得到长足的发展，国家间的交往更加快速、更加便利，世界被新技术连接成真正意义上的"地球村"。科学技术的发展以及其在社会生产和生活中的广泛应用，使得各国的高等教育在内容上呈现高一致性的特点，而各国在高等教育方面的交流受到的空间和时间的影响在逐渐减少。在信息技术为高等教育国际化提供技术支持的同时，各国高等教育的发展面临着更高水平的国际化挑战。

一些国家面临着解决教育供给不足或者教育经费投入不够的困难，通信技术和网络技术的发展为这一问题的解决提供了新方案。例如，一些教育供应商为了赢利而扩大提供教育服务的市场，常见的方式有：招收自费的国际留学生在国内院校学习、到海外开办分校、与海外的高等教育机构合作联合办学、邀请更好的国际高校到本国办学；还可以通过技术手段开展网络教学、远距离教学等。无论高校采用哪种教学方式，都需要技术手段作为基本的支撑，信息技术已经从全方位的角度对现在的高等教育进行了渗透。在信息技术迅速发展的态势下，教育使用的方法、内容、手段都发生了变化。可以说，高等教育借助信息技术的迅速发展得到了快速发展。

在知识和教育方面，随着信息社会的发展，世界各国的联系更加紧密，这成了高等教育的国际化实现的必备条件之一。随着国际互联网的发展，人们在家就可以获得各国的教育资源、图书、影像资料，甚至可以接受远程教学，通过线上课程修满学分、获得学位。网络大学或虚拟校园的成立，使推广国际性课程的条件大大减少，高等教育国际化不再是纸上谈兵，而是真正地在现代教育中成为现实。就像生产力的发展是社会发展的原动力一样，对于知识和信息技术来说，技术作为新的生产力，科学研究和信息的发展将成为社会发展的原动力，同时为高等教育国际化提供了技术平台。例如，互联网的出现使得教育打破了国家的壁垒，让教育变得越来越开放。目前，信息技术已经发展到了网络化阶段和数字化阶段。在它的帮助下，全世界都得到了快速发展，这种带动在高等教育领域将引起多大的变革不易预测。这是因为信息技术在改变人类生活方式的同时，也帮助人们获得了进步、增长了财富；除此之外，还让高等教育的观念发生了变化。互联网的出现为人们的终身学习打下了坚实的技术基础，有助于学习化社会的构建。作为知识传播中心，在全球化的发展背景下，高校必须更加开放，必须注重国际化发展。

（二）经济全球化推动高等教育国际化

高等教育国际化发展非常重要的推动因素是经济全球化发展。在经济交流程度越来越深的情况下，经济体现出了一体化的发展趋势。未来经济必然是全球化发展的。在这样的情况下，不同国家之间会进行越来越频繁的经济交流、文化交流。与此同时，不同的国家也会竞争人才，这促使人才的培养必须突破国家界限，让人才变成国际化的人才，从而适应经济全球化发展的需要，保证国家有能力参与国际竞争和国际合作。高等教育国际化发展过程中最重要的是对经济和利益的追求。世界经济贸易全球化对精通国际贸易人才有较大的需求，使得各国的高等教育必须适应这样的需求，从而实现高等教育国际化。

在全球化的背景下，高等教育的发展开始不受国界的限制。在之前的高等教育国际化进程中，主要是由发达国家为发展中国家提供教育方面的援助，现在高等教育国际化已经变成了不同国家的平等博弈。国际上，不同国家在教育发展方面不断地相互渗透，不同国家的院校进行了联合办学。各国在高等教育方面的国际合作越来越多，有些国家之间还进行了远程教育方面的合作。这些交流促进了各国间教育资源的交换，但同时各国的教育资源也被迫面对国际市场的挑选。交换和挑选使得各国可以选择最优秀的教育资源来发展本国的高等教育，这些教育产品最终又流回全球高等教育市场，从而推动全球高等教育的发展。

但是，也需要注意到，不同国家存在着不同的教育发展状况，如有的国家处于培养教育精英的状态，有的国家注重教育的普及发展。有的国家对高等教育表现出较大的需求意愿，这使得高等教育的供给明显不足。在这样的情况下，这些国家的学生就会选择跨越国家范围去获得更多的教育机会，这使得不同的国家在高等教育方面进行了非常频繁的合作。目前，高等教育已经成为社会经济发展的重要因素，改变了以往处于社会经济发展边缘地带的社会地位。在这样的情况下，国际高等教育市场势必会迎来更大的竞争。在经济不断发展、竞争越来越激烈的情况下，高等教育国际化也将迎来更好的发展。每一个国家都致力于在国际上塑造良好的高等教育形象，以期望在国际经济一体化大市场激烈的竞争中，可以凭借本国教育服务的教育质量占据一定的地位。世界经济发展的趋势要求各国高等教育要根据经济全球化的规律和规则适时更新,进而成为国际化的高等教育。

(三)全球问题解决推动高等教育国际化

全球问题的解决对各国高等教育国际化提出了迫切要求。在和平的大环境中,各国为了推动本国政治、经济快速发展,迫切需求在国际上展开深层次、大规模的政治对话,同样对文化、经济方面的交流和合作也有着强烈的需求。

不仅是各国发展的需求需要教育国际化,解决全球问题更需要教育国际化。全球问题的产生不是一个国家的原因,任何一个国家的单一力量都无法解决这些全人类的挑战。只有整个人类社会共同努力,通力合作,才有可能化解全球面临的危机。而整个人类社会通力合作的基础就是高等教育国际化。这对解决全球问题,保持全球的可持续发展,无疑具有不可替代的意义和作用。

全球问题的解决需要不同的国家通力合作,在解决全球教育问题时,应该是加强国际合作,而不是国际对抗。在全球化发展环境中,不同国家需要进行更深层次的学术和文化交流,形成全球范围内认同多元文化的良好氛围。高等教育是文化交流、文化传播的主要载体。借助高等教育,文化可以得到更好地传播,不同的国家可以加大高等教育国际化发展力度,让不同国家的文化进行更多的碰撞,让不同国家加强相互理解,在全球范围内构建出多元文化共存的良好氛围。

第二节 高等教育国际化发展的重点内容

一、高等教育课程国际化

"高校的课程体系设置是否科学合理,是否体现了社会发展中已有成果和变化趋势，关系到能否培养出具有合理知识结构、广阔知识面和全球视野的人才。高等教育不仅要向学生传授新知识，更要培养学生的全球意识，在国际的框架内讲授一门学科，以便使学生意识到国家间的相互联系以及一些国际问题，如低碳环保、能源等的全球性"①。

在全球化的大趋势和日益广泛的国际经济技术合作背景下，高校要构建起科学合理、与国际接轨的课程体系和教学内容，构建起符合高等教育国际化的课程体系，努力实现高等教育国际化的培养目标。高校要适应高等教育国际化的需要，就必须在课程结构体系等方面进行较大的改革，要从国际化培养目标要求出发，深化高校的专业设置和课程改革，实现课程国际化，如图 2-2 所示。

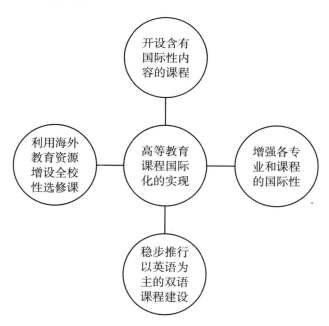

图 2-2　高等教育课程国际化的实现

---

① 付红，聂名华，徐田柏. 中国高等教育国际化的风险及对策研究 [M]. 北京：人民出版社，2015：160.

（一）开设含有国际性内容的课程

高校在其所开设的公共基础课和文化素质修养课中，应适当增设含有国际性内容的课程，如国际关系、国际经济、国际问题研究、国际文化研究、国际贸易等方面的课程，以培养学生的国际眼光、开放意识及对外交往和参与国际事务的能力，使中国各领域的人才具备融入世界的文化背景、国际社会公共价值理念及其他方面的素质。

（二）增强各专业和课程的国际性

为了达到开阔学生国际视野的目的，高校需要在现有各专业的课程中增加一些国际方面的内容，加大国际知识、比较文化和跨文化理解的比重，把个别领域的知识放在国际大环境中，以利于知识整体性的发展。在具体实施过程中，高校要做好课程分类，提出不同课程的国际化发展目标。在教材选择上，无论是对于文、史、哲，还是对于理、工、农、医，高校都应该有计划、有步骤地逐步实现教材国际化，如可以采用国外原版教材，或在自编教材中大量吸收国外同类教材中的精华内容，同时指定相当数量的国外教材和有关论著作为教学参考书目。在课程内容上，高校应紧跟现代科技的最新发展成果，不断更新或补充课程教学内容，及时让学生了解相关领域的最新研究成果。

（三）稳步推行以英语为主的双语课程建设

较高的英语水平能使学生在吸收西方先进科技文化信息时没有语言障碍，能直接掌握先进的科技知识。英语的广泛使用能为中国吸引更多的外国学者和留学生，而以英语为主的双语教学能够使课程更好地融东西方文化于一体。在课程国际化的过程中，高校应根据不同学科、不同专业的特点和人才培养要求，稳步推进双语教学；重视公共外语的教学，增强学生运用外语表达和沟通的能力，为学生接受双语教学打下良好的基础。同时，有条件的高校应面向来华留学生和国内交换生开设全英语授课课程，为促进交换生、留学生等国际交流项目的开展提供条件。

（四）利用海外教育资源增设全校性选修课

有条件的高校应充分整合海外教育资源，增强校园国际化氛围，拓展学生的全球视野，开设全校选修课。例如，可以将旨在提高学生国际化视野的校级选修课分为两个系列，即"全球领导力"和"前沿科技"。"全球领导力"系列以高端、宏观、有利于提升学生领导力的人文社科类演讲为主。"前沿科技"系列以学科前沿、交叉领域、介绍最新学术动态与成果的高水平学术报告为主。

二、大学生培养国际化

鼓励本国学生到国外去留学，并吸收外国留学生到本国学习，是高等教育国际化的主要表现形式，也是高等教育国际化最活跃的方面。中国是世界最大留学生派出国之一，学生培养国际化的主要方式是派遣学生出国学习，当然这与中国的国情密切相关。派遣学生到国外留学的主要目的是学习国外先进的科学技术及优势学科，让学生通过在国外文化环境和社会氛围中的学习、生活和交流，培养学生的国际观念、国际意识，提高学生了解和研究国际问题的兴趣和适应国际环境的能力，造就具有全球视野、专门知识和创新能力的复合型人才。

（一）鼓励学生到国外留学

现代科技和文化交流是一种双向交流，要想培养出国际型人才，增进各国之间的相互了解，就需要派学生到相关国家去了解该国的历史、文化、风土人情，去亲身体验该国的生活，从而真正深入地了解这个国家。一个国家应鼓励本国学生到国外留学，利用国外的优质教育资源为国内培养优秀的建设和管理人才。在学生留学的过程中，各国学生之间的学习、交流能够得到促进，学生能够及时掌握当今世界顶尖的科学文化成果。

出国留学事业的发展可以遵循"突出重点、统筹兼顾、保证质量"的原则。突出重点，就是要优先考虑重点学科的需要，鼓励学生出国学习我国急需的先进科学技术，积极吸取国外优秀的科技文化成果。统筹兼顾，就是要处理好当前需要与长远需要的关系。保证质量，就是鼓励学生找准适合自己的学习方向和学习方式，减少出国留学的盲目性。我国鼓励学生通过交换生、联合培养、国际会议、合作研究、竞赛、实习等多种形式出国学习。

（二）吸引更多海外留学生

学生培养国际化既包括"走出去"，又包括"请进来"。高校吸引更多海外留学生的措施如图 2-3 所示。

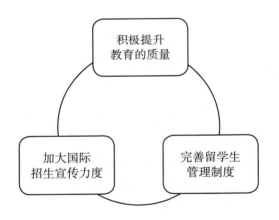

图 2-3 高校吸引海外留学生的措施

1. 积极提升教育的质量

高水平的教育质量是吸引留学生的根本，我国高校需要充分、合理地利用各种资源，努力提高教育质量，只有这样才能具备参与国际留学生市场竞争的资格和实力。例如，在课程设置方面，高校应结合外国学生流动趋向和热门专业变化情况积极调整招收外国留学生的专业和学位课程，使教学方法和课程凸显学校特色并逐步与国际接轨。目前，留学生在华主要学习中国语言和文化，这就限制了留学生规模的进一步扩大。随着中国高等教育水平的不断提高，高校应该为外国留学生提供更多具有各高校特色的强势学科。同时，在政府宏观政策引导下，各高校应根据自己学校的特点制定留学生教育发展规划。在发展多种形式留学生教育的基础上，我国应重点发展好学历生教育，特别是针对高层次外国留学生的招收和培养，以达到提高层次和扩大规模的目的。

2. 完善留学生管理制度

高校应该按照"扩大规模，提高层次，保证质量，规范管理"的原则，积极完善留学生相关管理制度，努力创造条件，简化留学生的留学申请手续，扩大来华留学生规模，深化留学生奖学金管理制度改革；同时，改善留学生在华期间的生活和学习条件，如提高学生生活补助，设立多项奖学金，修建大量留学生宿舍，为留学生提供医疗保障、勤工俭学、社会实践、就业指导、维权等方面的服务。这样既可以吸引更多的留学生来华学习，又能激发在读留学生的学习热情，以促进留学生教育的发展。

3. 加大国际招生宣传度

要扩大高校的国际知名度，营销工作也是不容忽视的。中国高校应该启动对外的营销宣传，积极对外宣传自己的优势专业和特色高校，构建并逐步完善"留学中国"的信息平台，进行"留学中国"的整体推介，对"留学中国"进行整体的形象设计和品牌定位；还应该开展对海外学生群体的需求和发展动向的研究，拓宽联系网络。随着世界"汉语热"的不断升温，我国还可以利用汉语作为中华文化的载体，作为世界了解中国、与中国交往的重要工具，继续积极推进孔子学院的建设。中国高校应当进一步提高市场开发意识，积极策划对外招生宣传的策略和方式，根据本校的特色来定位市场，吸引国际生源，力争有所突破，例如，可以充分利用互联网，制作精美翔实的中英文网页，加强对外宣传。具备条件的高校还可以积极在海外举办教育展，以更直接的方式吸引来华留学生。

三、高校学者交流国际化

高等教育国际化的竞争归根结底是人才的竞争。高校学者站在高校教学、科学研究的最前沿。高校要培养出社会精英人才，以及具有创新思维的国际化人才，就一定要有具备国际意识，具有先进教育思想、教育技术和手段以及研究方法的一流师资。具有国际知识和经验的人才可以直接推动高校的教学和科学研究向着国际化的方向发展，而加强高校学者之间的国际交流是提高师资队伍素质的有效途径。高校学者交流可以采取"走出去、请进来"的方法。

"走出去"，就是教育行政部门和高校有计划地选派高校教师到国外访问、进修、讲学、进行合作研究，以提高教师的学术研究水平和语言能力，使教师队伍趋于国际化，也使教育思想观念、课程和教学向着国际化的方向发展，这是高等教育国际化的重要内容。不同文化背景的教师在一起交流，有利于知识的创新。"请进来"，就是请国外学者到中国来讲学，参加学术研讨会。有实力的中国高校可以实施海外高层次人才引进、给予长江学者奖励和国家杰出青年科学基金等，直接招聘世界范围内的教师和学者，为高校吸引具有国际影响的学科领军人才。

此外，高校还可以通过建立长期专家项目、重点外国专家项目、政府合作专家项目等，邀请知名学者、专家进行短期访问和讲学，聘请国外一流学者、专家担任名誉教授、客座教授或顾问等，邀请他们不定期举办讲座、开设课程、进行科研合作等，为中国高校的学术发展注入生机和活力，使我国的师生能够及时接触国际最新、最高水平的学术动态。经济全球化促进了国际人才交流的全球化。当前的人才竞争非常激烈，中国高校要加大力度，解放思想，采取各种形式在世界范围内吸引一流人才来校从事教学科研工作和担任重要的学术职务。在留住优秀的外籍人才方面，高校不仅要提供丰厚的经济报酬，实行高薪、高福利，更重要的是要创造优越的政策和工作环境。

四、高校研究领域国际化

长期以来，我国高校科学研究工作的主要形式是以院、系、所为单位组织的，小型分散的课题组限制了高校研究潜力的发挥，制约了高校承担重大科技任务的能力，影响了高校整体研究水平和学术地位的提升。在学术研究领域，增加国际性有益于研究者摆脱狭隘的观念、开拓思维，实现资源信息共享，有助于学习国际先进的科研手段与方法，特别是能迅速地站到学科理论的前沿，及时掌握最新的研究动态和走向，这对于调整科研方向、缩短与发达国家的学术差距都具有不可估量的价值。科研实力是衡量高校水平的决定性标准，积极推进高水平的科研合作，促进中国高校研究领域的国际化是高等教育国际化不可或缺的一项重要内容，无论是对学生的发展还是对研究都有着极为重要的意义。研究领域的国际化包括研究对象的范围从国内扩展到国际，在研究方法中引入国际思维和全球视野。具体而言，促进中国高校研究领域国际化可以采取以下几项措施（如图 2-4 所示）：

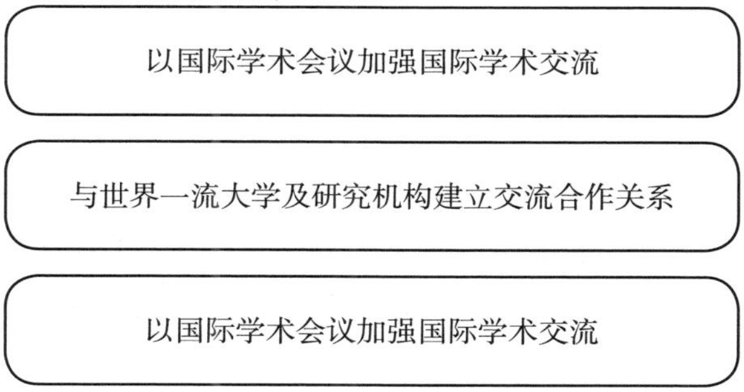

> 以国际学术会议加强国际学术交流

> 与世界一流大学及研究机构建立交流合作关系

> 以国际学术会议加强国际学术交流

图 2-4 高校研究领域国际化的促进措施

（一）以国际学术会议加强国际学术交流

中国高校要加强国际学术交流，从而博采各国之长，及时掌握国际前沿理论知识，较快地接近世界科学技术前沿，促进国内新科技成果的开发。

高校可以定期举办国际性学术研讨会，运用网络技术和信息技术，营造活跃的学术氛围，提高高校的学术水平；同时，通过各种激励措施，鼓励教师参加各类高水平的国际会议，在国际核心刊物上发表高水平的学术论文；鼓励一批优秀学者出任国际学术刊物主编或编委、国际学术机构负责人或执委等。

（二）与世界一流大学及研究机构建立交流合作关系

中国高校要加强与世界一流大学及著名研究机构的合作，与他们联合共建研究中心，搭建以科学研究为核心内容的国际化合作科研平台，实现优势互补，不断提高科学研究水平和科学研究能力，推动若干重点学科高起点的发展，完成一批高水平的学术论文和著作，力求在前沿学科有所作为。例如，清华大学与境外学术机构建立起了全方位开放、广泛交流、重点突出、着重实质性合作的一系列项目，包括伯克利—清华心理学研究中心、清华—约翰霍普金斯生物医学工程联合研究中心等。

（三）加强与著名跨国公司的合作

中国高校要重视学习、借鉴国外著名跨国公司知识创新和技术创新的成功经验，加强与著名跨国公司的合作，搭建以技术引进、吸收、消化和创新为核心内容的国际化技术平台；通过跨国公司在高校建立高水平的重点实验基地，创造条件，不断引进和合作，掌握前沿科学与核心技术。与世界知名企业和研究机构联合共建实验室，可以使中国高校拥有与国际先进水平同步的教学、科学研究和实验平台，进一步促进高校的教学和科研水平提高，更好地推动高校将其拥有自主知识产权的高新技术成果实现向产业化的转变，同时将中国所短缺的国际成熟技术引入国内，并进行本土化的技术梯度转移，以适应国内不同地区产业结构调整的需要，不断提升高校在经济中的影响力，反过来可以促进高校科学研究的进一步发展。例如，清华大学已与世界 500 强企业中的大部分公司如微软、宝洁、谷歌、三星集团等建立起长期稳定的合作关系，大大促进了科技水平的提高和科技成果的转化，为清华的学科发展、师生创新思维培养、科技实力提高、改善办学条件等起到了积极的推动作用。

第三节 高等教育国际化发展的战略对策

"高等教育国际化已经成为世界教育体系发展的主流趋势"[①]，高等教育在世界上的发展必然会走向国际化，是历史和现实的必然选择。对于不同的国家而言，开放教育市场可以使国际的合作与交流得到加强，使世界和本国的教育获得更好的发展和更高的质量，这种行为是一种互惠、互利和互动的行为。高校应进一步更新观念，努力适应高等教育国际化的趋势，以主动走在高等教育国际化的道路之上，最终走出具有中国特色的教育国际化发展路程。

一、高等教育国际化发展的战略目标确立

国际竞争持续进行，其竞争格局跟随全球化发展而不断更新，如今人们都已拥有高等教育国际化发展的意识。国内在研究与开展高等教育国际化活动时，应当先深层且理性地理解高等教育国际化内涵，将其实践的深层内容挖掘出来，找出高等教育国际化发展的最本质道路，而不应当简单地碎片化实施和借鉴国际化教育的具体做法。我国应针对各种理论，找出更加理性、系统且完整的措施，与此同时，还要对实施过程进行科学、合理的分析，这样我国的高等教育国际化发展才可能走出具有自己国家特色的发展道路。目前，高等教育国际化发展要完成的战略目标是：遵循国家发展战略，以社会发展进步作为基本前提，优化国际资源；与此同时，注

---

① 曲晓慧，冯毅. 我国高等教育国际化发展路径研究 [J]. 学习与探索，2018（5）：32.

重民族化发展、多元化发展；在此基础上，发展成为教育强国，建设出有中国特色的一流大学，具体分析如下：

（一）以切合国家战略需求为基本原则

高等教育国际化发展必须遵循国家战略目标的引导，从国家战略发展的角度去思考、去发展。

（二）以追求国际资源优化配置为导向

高等教育最开始的国际化发展目的是推动学术在全世界范围内的进步。在中世纪，欧洲高校首先进行了高等教育的国际化发展。对于当时的高校而言，知识的普遍性是一种精髓性的推动力量，学生与学者也自此开始真正以求知为根本目的来开展国际流动。国际性贯穿高等教育发展的始终，这主要是因为知识具有普遍性。从内涵来看，启蒙时期的高校国际化活动是纯粹学术性的，这种内涵在民族和国家兴起的过程中发生了变化。高等教育国际化产生了政治和文化倾向，变成了国家身份保持的方法。

在全球化时代的环境下，高等教育国际化发展已经成为一个国家经济竞争和国家战略要考虑的内容，国家政治、国家经济、国家文化的发展都离不开高等教育国际化。在这样的情况下，高校国际化发展需要考虑如何分配国际资源，如何优化资源配置，并且还要把资源配置当作国际化发展的基本导向。不仅如此，高等教育存在着规模经济和规模不经济两种现象，这种教育行为具有长期性。

如果将过多的资源投入规模较小的高校中，就会造成一定程度的资源浪费。如果要充分利用资源，那么高校可以通过联合办学、高校合并等方式来扩大规模，使单位学生的成本降低，这接近规模经济的运作方式。反之，如果高校通过不断的规模扩大而一再地使单位学生成本降低，那么将会导致规模不经济的出现，高校的教育质量也会降低。所以，国际化发展要求高校考虑自身的发展规模和资源储备情况，高校必须在保证教育质量不受影响的情况下进行国际化发展，必须始终坚持国际资源的优化配置作为发展的基本导向。所以，不管是从宏观角度分析高校国际化发展进程，还是从微观角度分析高校的规模经济，都可以发现高校需要以国际资源优化配置作为其国际化发展的基本导向。

二、高等教育国际化发展的运行机制构建

高等教育在国际化的道路上需要一定的激励、导向、支持和规范来作为动力，能满足这一要求的就是与之相配套的科学规范运行机制。国际化的运行机制在总体层面上包含宏观和微观两方面，宏观层面是指能够系统管理并规定高等教育国际化的管理机构和国家政策；微观层面是指各高校为运行国际化策略而建立的机制。为了进一步推进中国高等教育国际化进程，相关部门应该为高等教育国际化发展构建"两纵三横"国际化运行机制。该机制中提到的"纵"指的是纵向的指导管理体系，分别是"教育部—各省教育厅—高校""国际交流与合作司—国际交流与合作处—高校国际交流中心"；"横"指的是横向的管理和横向的规划，具体来讲，分别是"教育部—国际交流与合作司""各省教育厅—国际交流与合作处""高校—高校国际交流中心"。

第一，中国存在"两纵"的运行机制，但是，目前这一机制还不完善。首先，该机制只是从上到下地进行级别管理，并没有分层次对战略目标进行解读，也没有实现彼此合作、彼此辅助。其次，机制的各个层级只是从上到下地进行政策的执行和命令的分配，并没有建立从下到上的信息反馈机制。或者说，在这样的模式下，即使存在反馈机制，该机制也没有办法真正地发挥其作用。除了提到的这两种纵向运行机制外，高等教育国际化的运行机构还涉及相对隐性的纵向运行机制，分别是"教育部直属的国际合作与交流司——省教育厅、直属省教育厅的国际""交流与合作处——高校"。这两种纵向管理机制发挥了更为重要的作用。

第二，"三横"的运行机制的真正功能并没有发挥出来。该机制没有真正指导高校的国际化发展，没有为国际化发展制定战略规划。换言之，

这些机制的存在只是处理了基本事务，并没有真正从战略角度为高等教育国际化的发展提供帮助和支持，也没有从高等教育国际化的保障和操作方面制定运行机制。之所以出现这样的现象，是因为高校没有真正关注、理解高等教育国际化发展的战略目标和背景。为了让"两纵三横"国际化运行机制真正发挥作用，高校需要充分认识、理解高等教育国际化的发展战略，并在此基础上调整工作重点，从而保证机制真正发挥作用。

所有与高等教育国际化发展有关的部门都应该根据运行机制遵循战略目标的指导，为不同高校的国际化发展制定政策。政策需要涉及宏观和微观两个层面，也要涉及具体的保障和操作。具体来讲，高等教育国际化发展的运行机制构建如图 2-5 所示。

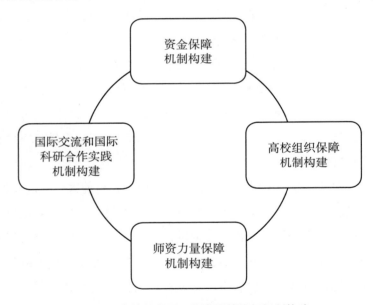

图 2-5　高等教育国际化发展的运行机制构建

（一）资金保障机制构建

在市场机制不断完善、不断优化的过程中，高校有了更多的自主权，也有越来越多的主体参与高校投资。高校进行改革和建设等过程依然主要依赖财政拨款。这一点会阻碍高等教育国际化的发展，与经济全球化背景下高等教育国际化的需求相背离。

资金保障机制的构建应该关注三个方面：

第一，国家应该对高校国际化发展投入更多的资金支持。

第二，高校应该主动联络社会中的企业或银行，拓宽资金的来源，接受社会捐赠和校友捐赠，谨慎地自主拓宽资金来源渠道。理工类院校还是应该致力于利用产学研模式为自己获得更多的资金。

第三，相关部门应该注重资金的利用，建立监督部门监督教育资金的运用，高校在获得资金之后应该节约运用。

（二）高校组织保障机制构建

高等院校行政管理体制应该从两个方面进行改革：

第一，高校应该实行学校管理人员职员制度。

第二，政府职能应该进行转变，让高校有更大的自主权。国际留学生竞争的主体必须设定为高校，高校要拥有决策的自主权利。只有这样，高校才能够以灵活发展的状态在竞争激烈的国际留学生市场中生存。在这个过程中，高校对外交流的需求较大，高校和政府之间的关系必须予以调整。

（三）师资力量保障机制构建

高等教育的国际化发展需要师资力量提供支持，主要培养的两个方面是学生和课程教育。无论是学生在国际当中的交流，还是课程教育的国际化研究，都需要师资力量作为基本的支持。为了让高等教育国际化有稳定的师资力量作为保障，国家应该在国家层面制订人才引进计划，引进外来人才。与此同时，高校也应该关注学校师资力量当中外来人才所占的比例；除此之外，还要关注本土人才中具有国际意识和国际能力的教师所占的比例。

高校应该在考评时侧重教师的国际能力或者国际意识。例如，侧重考评教师是否可以在国际期刊上发表专业文章，是否可以无障碍地运用外语交流。只有高校从考评的角度给予其重视，高校才能吸引更多的国际化人才，才会真正形成师资力量、保障机制。

（四）国际交流和国际科研合作实践机制构建

国际交流和国际科研合作实践机制的构建需要做到"请进来"，也需要做到"走出去"；与此同时，要关注基本项目和科研项目，推动各层次项目的合作，只有这样才能真正构建出国际交流和国际科研合作实践机制。

三、高等教育国际化发展的合理形式选择

在全球化进程中，高等教育的国际化发展呈现出新的特点，经济因素的驱动力在国际化进程中的重要性越来越强。在新环境中，高等教育国际化发展趋势直接影响国际化发展机制的运转状况，也关系到我国在高等教育国际化发展方面设定的战略目标能否实现。在通常情况下，高等教育国际化会使用基础、中级和高级三种形式。具体分析，基础形式主要有学生留学、交换生以及教师进修、网络教育。在国际交流越来越频繁的形势下，学生留学和交换生慢慢地发展成了更高的中级形式——学校开始在国外设立分校。不仅如此，中级形式还会向高级形式慢慢转化，建设出新的教育联盟。网络教育也紧跟时代发展步伐向中级形式转变，转变到一定程度之后就会迈入高级国际化形式。除此之外，教师跨国进修的形式越来越多样，国际合作开始向特许学校形势的方向转变，也就是越来越高级。总体而言，从基础向中级水平发展的过程中可以使用以下形式（如图 2-6 所示）：

图 2-6　高等教育国际化发展的合理形式选择

（一）选择建立国外分校的形式

交换生及留学这个初级阶段在发展到一定程度之后，就会慢慢地形成国外分校这个中级形式。建立国外分校之后，中国高校的知名度会有显著的提升。除了建立国外分校的方式，高校还可以选择合作办学的方式。但是，合作办学一般不会达到较高的层次，规模也比较小。相比之下，国外分校能够作为独立的实体存在，并且与国外院校开展各种各样的研究，能够真正让中国高校的国际地位有一定的提升。

（二）选择向产业化发展目标

高校向产业化的方向发展就要面临以下两个问题：

第一，高校发展经费不充足，在此基础上国家还要求扩大招生规模。

第二，高校法人化，其实法人化的本质就是产业化。中国已经在改革过程当中明确要致力于高校的法人化发展，但是还没有提出实施方案。

在这样的情况下，高等教育国际化可以先从网络教育的角度出发进行产业化转变，然后慢慢带动整个教育体系进行产业化转变。国际网络教育的产业化转变可以降低产业化转变过程中的交易成本，中国也可以借助于国际上的转变经验助推自身高等教育国际化的产业化转变。

（三）选择国际科研与合作的中级形式

以往的教师进修或者跨国讲学只是进行教学和学习方面的交流。在高等教育国际化深入发展的过程中，这样的交流应该转变成国际科研和国际合作，这样的转变可以让交流上升到科研层次。在分析一个国家高等教育国际化发展程度的时候，不能只从数量的角度进行评价，还要考虑质量，也就是高等教育国际化发展达到的科研能力水平、学术能力水平。在高等教育国际化发展过程中，科研合作占据了非常重要的地位。但是，它在高等教育国际化进程中占据的比例相对较小，特别是普通本科高校还停留在初级层面上，所以，高等教育国际化发展应该更加注重学术交流和国际学术合作。

　　发展形势转向中级之后，还应该持续对高级形式进行探索。高级形式在发展过程中应该着重关注区域性战略联盟的建设、特别发展区的建设和特许高校的建设这三个形式。以国际区域性战略联盟为例，区域高校战略联盟是一种合作竞争组织。这一组织内部比较松散，主要由高校和社会组织组成，内部成员可以有效整合部门和组织之间的资源，通过有效的配置来推动共同战略目标的实现，进而获得更多的效益。我国在与其他国家合作构建国际区域性战略联盟的时候，要考虑其他国家的客观环境，应该在一定经贸关系的前提下探索与这些国家在教育方面的区域性战略联盟的构建。在构建出这样的联盟之后，学生可以在区域内部自由流动。除此之外，也可以在形成高等教育特区或特许学校的前提下去建设区域性战略联盟。

第三章　高等教育国际化的办学与外事管理

第一节　高等教育管理的体系与要素分析

一、高等教育管理的体系

管理是人们依据社会发展的客观规律和在特定历史条件下，对各种规律的表现方式进行有意识地调节社会系统内外的各种关系和资源，以便达到既定的系统目标的过程。高等教育管理是根据高等教育的目的和发展规律，调配高等教育资源，调节高等教育系统内外的各种关系，进行有效的计划、组织、领导和控制，以便达到既定的高等教育系统目标的过程。"高等教育管理成为提高高等教育效益与质量，促使高等教育适应社会发展的重要环节和手段。"[①] 从教育管理的层面上讲，高等教育是中等教育基础之上的教育，因此，高等教育管理是指高等教育这一特殊的专业层面上的管理。从管理的分类上讲，高等教育管理也可以分为宏观高等教育管理和微观高等教育管理。从管理的内容上讲，高等教育管理可以分为宏观高等

---

① 柯友祥. 高等教育管理 [M]. 上海：华东师范大学出版社，2000：1.

教育管理中的战略规划管理和宏观调控管理，以及微观高等教育管理中的教育组织内部的具体的教育管理活动。

（一）高等教育管理本质

在高等教育管理中，只要有事物发生，反映出来的表象都是事物本质的反映。只有从本质方面分析高等教育管理活动，才不至于做出错误决断。高等教育系统相对于其他社会系统有其独特的活动主体和活动目标，这就使高等教育管理同其他社会系统的管理区别开来，表现出它的特殊性。高等教育的总目标是培养高级专门人才和发展科学、技术、文化并与社会经济发展的需要相适应。高等教育管理活动就是要在总目标的指导下，把对高等教育系统的战略规划、资源调配通过制度和机制进行协调。高等教育管理的本质就是协调高等教育系统有限资源的投入与高效益地实现高等教育总目标的矛盾。

无论高等教育有多么复杂，无论把高等教育系统分解为怎样的子系统，高等教育系统都要求各子系统在目标上协调一致，不仅要求每个子系统的目标与整体目标协调一致，也要求每个子系统的目标与自己内部的组织成员的个体目标相互协调。更重要的是，每个系统的目标与实现目标的条件之间需要相互协调，这就形成了管理活动的整体性和普遍性，即每个系统都需要协调。高等教育系统内部的等级层次性导致了高等教育管理活动也具有层次性，这就形成了一个多层的、多级的、专门的分系统，即集合成高等教育的管理系统。协调就是蕴涵于各个子系统之间，对各个子系统的目标进行设计，筹集和分配资源，分析系统的活动信息，即通过政策、制度和一些技术手段等协调系统成员的活动，以达到系统所设计的目标。从事这些专门活动的管理人员（或称管理者）的活动所构成的有机整体，就是管理系统。

管理活动的普遍性（指管理活动作为人类活动的一个重要方面）存在于各种组织机构中。专门管理者的出现体现出社会系统在结构层次上的性质，表明个人在社会系统中具有不同位置、作用和性质。管理活动中人是管理的主体，权力是管理系统赖以存在的基础，权力对人的活动的约束性使人们按一定的方式组织起来，以便实现系统的整体目标，也在一定程度上体现了权力在协调中的作用。协调或调节是指调整或改善高等学校与校外及校内各部门或成员之间各方面的关系。就一个国家和地区来讲，把高等教育放到社会的大背景中，政府对高等教育的协调是使高等教育的层次、规模、结构、水平、质量、效益的协调发展，与社会的经济、文化的发展相适应。

就高等教育的组织——学校而言，它是高等教育系统中的子系统，学校组织的类型因区域的差别、体制的差别、机制的差异、管理者的差异等出现差异，存在着的矛盾是多种多样的，有总体目标与部分目标之间的、有长期规划与近期打算之间的、有整体利益与部门利益之间的、有组织利益与个人利益之间的。这些矛盾如果不加以协调和解决，就会影响高等教育系统的运行和发展，也会影响高等教育效益的最优化。高等教育的协调任务与高等教育管理的本质要求是相一致的，体现了高等教育管理的基本矛盾和本质特征。

在高等教育系统中，从宏观方面来讲，对于高等教育如何适应国家政治、经济、文化的发展，每一个发展时期如何规划，区域高等教育的发展速度的快慢、高等教育发展速度的快慢、高等教育的科类层次结构等的确定，不同的决策者和管理者会产生不同的意见，甚至矛盾。在微观高等教育管理中，学校教育都是非常具体的管理活动，对于学校如何定位、如何发展、如何运用学校有效的教育资源，在培养目标、课程设置、培养计划的拟定和实施、教学与科研活动的具体展开、各项工作的总结评价等方面，都可能出现一些不一致和矛盾。要解决这类矛盾和冲突，最好的办法就是在学习和研究的基础上，开展对高等教育的教育思想、教育观念的大讨论，并进行认知统一。相关组织要提供公开交流的平台和场所，进行认知交流、认知融化，消除和化解形成矛盾和冲突的原因，使组织成员和冲突各方在观点上达成一致，或者提高他们的认识水平。

（二）高等教育管理原则

高等教育管理原则既要遵循一般管理活动的客观规律，又要遵循高等教育的客观规律，在管理实践中充分贯彻和体现客观规律。

1.高等教育管理原则的认知

（1）高等教育管理原则的特性

第一，客观性。高等教育管理者在确定原则的时候，必须从高等教育管理工作的实际出发，认真地研究历史和现实的经验，在抽象出高等教育客观规律的基础上，再提出管理原则。

第二，层次性。高等教育管理原则是一切高等教育管理行为的根本准则，应该对各系列、各层次的高等教育，各类高等学校以及高等教育中各部门、各系统的管理活动都具有普遍的指导意义。所以，高等教育管理原则的覆盖面很广，在高等教育管理范围内具有广泛的实用性和指导性。

（2）高等教育管理原则的确立依据

确立高等教育管理原则的依据，主要包括以下方面：

第一，高等教育发展特殊性。高等教育的发展必须与社会的政治、经济、文化等的发展相适应，大学的教育、教学和管理必须与大学生的身心发展特征相适应，在高等学校中以教学为主、教学和科研相统一等。这就要求从事高等教育的管理者必须认真研究社会的政治、经济的状况及其发展趋势，研究大学生的生理和心理特点等，以此来调整教育管理工作。换言之，确定高等教育管理原则，就应该以高等教育发展的特殊性作为主要依据之一。

第二，高等教育管理特殊性。高等教育管理者从事高等教育管理活动的最终目的是解决高等教育管理中的矛盾，只有认识和掌握高等教育管理的特殊性，才能保证所制定的管理原则正确指导管理者顺利、高效地开展管理活动，以便实现高等教育管理的目标和发展的目标。

第三，现代管理的基本原理。现代管理的目的不仅在于把管理对象的各个要素的功能统一起来，从总体上予以放大，使总体功能大于各部分功能的相加之和，以提高劳动或工作效益；更重要的在于提高这种劳动或工作的效益，也就是劳动或工作结果所产生的社会价值。为了使高等教育管理工作的结果产生更大的社会价值，就应该把现代管理的基本理论引入高等教育管理领域。因此，确定高等教育管理的原则就应该以现代管理的基本原理作为重要依据。

现代管理的基本原理主要包括系统原理、整分合原理、反馈原理、封闭原理、能级原理、弹性原理和动力原理。系统原理是现代管理最根本的原理，整分合原理和封闭原理都可作为它的补充。动力原理在很大程度上决定了其他原理效能。例如，能级原理必须有充分的能量、强有力的动力才能实现。只有当某种动力因素迫使人们非用不可时，才能真正做到不拘一格地选拔人才。所以，以现代管理原理作为依据来确定高等教育管理原则，并不是要求生搬硬套、简单地"对号"，而是必须分清主次，综合运用，并且力求高等教育管理原则符合教育活动的规律，适应高等教育的基本特征，这样才能恰当地确定高等教育的管理原则。

第四，高等教育管理的经验。经验是客观规律的主观反映，来自社会实践。人们在高等教育管理活动中，通过对高等教育规律的运用，可以积累丰富的管理经验，实践经验的科学总结就可以作为制定原则的依据。高等教育原则作为高等教育管理者的行动准则和规范，除了在内容上应该科学地反映高等教育发展的特殊性和高等教育管理的特殊性外，在构成形式上还应当做到全面、层次分明、文字简洁、含义明确。高等教育原则应能够反映高等教育管理内外诸因素的关系，应包括指导高等教育管理全局工作的基本原则及指导各层次、各部门、各单位、各环节的管理工作的各种原则，文字要简明扼要、准确科学，切忌模棱两可。

确定高等教育管理原则是为了更好地指导高等教育的管理活动。管理原则确定之后，如何贯彻管理原则就成为管理活动的一项重要内容。在高等教育管理活动中，有利于高等教育管理原则贯彻的措施包括：一是将高等教育管理原则细化成管理条例和规程甚至法规，各部门和管理者职责分明，各司其职，奖勤罚懒。二是提高管理人员的思想认识，确立正确的观念，管理人员自觉行动。三是加深对高等教育理论的学习、实践的总结等，从原则制定的依据和源头深刻领会和运用高等教育管理原则。高等教育管理者需要具有相关高等教育管理和原则的知识储备，才会得心应手，事半功倍。四是动员高等教育系统内外的一切力量，如教师和学生、教学人员和科研力量、经济部门和社会办学等，遵循高等教育发展的规律，保证高等教育管理原则的全面贯彻和实施。

2. 高等教育管理的具体原则

（1）高等教育管理的方向性原则

高等教育管理的方向性原则决定了高等教育管理者在实际工作中，必须坚持正确的、科学的高等教育管理的政治方向、经济方向、文化方向和高等教育自身的国际发展方向。个人本位价值观主导下的高等教育在管理形式、决策的民主化、管理机构的设置等与社会本位价值观的做法有很大不同。国际高等教育发展的共同趋势如高等教育大众化、国际化、民主化、私营化等，使得高等教育管理的观念、制度、内容、手段等发生重大变革，与传统的做法有了明显的差异。

（2）高等教育管理的整体性原则

高等教育管理的整体性原则实施需要注意以下内容：

第一，树立整体观念。对于高等教育管理来说，不论制订计划、做决策、定制度、抓调整，都要胸有全局，服从整体。树立整体观念的要旨在于，保持和实现高等教育系统的整体优化，在共同的目标引导下，齐心协力、提高效益。20世纪90年代后期开始的高等学校之间的合并、资源共享就存在一个整体优化的问题。高校合并是为了适应社会发展的需要，提高人才培养的质量和科学研究水平。要实现这一目标，需要对合并高校的机构进行彻底的改革，一方面要从整体上优化机构设置和人员配置，实行优势互补，资源相互开放和合理利用，减少浪费和内耗，不断提高学校的效益和竞争实力；另一方面应顾全大局，以学校整体利益为重，各部门之间相互配合，从不同层面共同推动学校的发展。

第二，明确重点，突出中心。管理工作千头万绪、错综复杂，要及时、准确地发现和解决主要矛盾，以带动其他工作的全面和顺利地展开。高等教育的宏观管理和高等学校管理工作，要坚持以培养高级专门人才为中心，合理安排人力、物力、财力，保证高等教育多出人才、出好人才这一根本目的的实现。高等学校的实际工作必须体现以教学为主的原则，因为高等学校是培养高级专门人才的场所，教学是育人的基本途径。教学处于主体地位，而其他工作则是为教学服务的，这也是高等学校长期的实际工作的历史总结，反映了高等学校工作的客观规律。这就要求高等学校管理工作要妥善处理教学与科研、教学与培养人才、教学直接为社会服务等方面工作的关系，不能主次颠倒、喧宾夺主。

第三，加强高等教育的纵向和横向联系。高等教育管理者在办学过程中，不仅要把眼光放在高等教育这个阶段，而且要向两端延伸，既要了解高等教育阶段以前基础教育的情况，又要进行毕业生情况的追踪调查，以利于高等学校工作的调整改革。高等教育是社会整体的一部分，不能不受到社会的影响，高等教育管理者要了解并掌握有关社会的历史、现状与发展趋势，主动加强与社会的联系，特别是努力适应社会市场经济的客观需要，实现高等教育与科研、高等教育与生产的结合或联合，真正做到"产、学、研"一体化。

（3）高等教育管理的高效性原则

管理活动的基本目的就是提高组织系统的效益和效率。管理效益、效率是与管理目标联系在一起的。管理效益的大小、效率高低就是在消耗一定的人力、物力、财力和时间等资源的条件下实现管理目标的程度。高等教育是一项巨大的系统工程，保持高等教育各个子系统之间、子系统与整体之间的高效益，是高等教育管理的中心任务。高等教育管理效益受多方面因素的影响：一是高等教育管理的目标是否正确，二是高等教育结构是否合理，三是高等教育管理体制和运行机制是否健全和完善，四是高等教育管理人员的素质能否适应复杂的、要求日益提高的管理工作的要求。贯彻高等教育管理高效性原则，必须做到以下方面：

第一，树立效益和效率观念，促进高等教育积极、主动、全面适应市场经济发展的需要。高校可以引入市场竞争机制，通过定期对高等学校办学水平的合格评估和选优评估，把办学、科研经费同培养人才和提供科研成果的实力、质量挂起钩来，以加快高等教育的发展步伐。

第二，开源节流，科学理财。为保证教学科研质量的提高，高等学校要广开门路，利用学校的优势和特长，多渠道筹集教育经费，充分发挥广大教职员工的潜能。国家的高等教育拨款既要考虑公平性，也要考虑高校的办学效益。教育行政经费的使用和管理，以及基建经费的使用和管理，要讲究成本核算，投入与产出的比例要适当，经费使用必须严格执行财务制度，提高效益，减少浪费。

第三，深化改革，提高管理效率。一是改革高等教育的领导体制和高等学校的内部管理体制，因地制宜，简政放权，定编定员，加强人才的国际和国内交流，健全各种岗位责任制，强化检查考核工作，逐步建立和健全信息中心和咨询参谋机构，加强调查和预测等工作，使学校重大问题的决策建立在科学的基础上。二是不断提高人力、物力、财力、时间和信息等的利用率，提高培养高级专门人才的质量。三是挖掘高校潜力，提高其为社会服务及为经济、生产服务的能力，以创造更多的经济效益和社会效益。

（4）高等教育管理的动态性原则

变化是高等教育管理的基本特征之一，高等教育的变化主要包括：一是高等教育管理对象的变化。高等教育的管理对象主要是人，如高等学校的师生员工，是比较复杂的自变量，还包括财、物、时间、信息等要素。构成管理对象的诸要素，不仅其自身都在发生变化，而且各要素之间的相互关系也在不断地发生变化。二是高等教育管理理论、方法和手段的变化。随着科学技术的迅速发展，出现了学科之间的相互交叉和渗透。现代科学的某些原理、方法和手段正不断地被引入高等教育管理领域，使高等教育的管理日益走向科学化。近年来，系统论、控制论、信息论等基本理论和方法以及电子计算机技术正在高等教育管理中不断得到运用。这样的变化必然导致高等教育管理理论、方法和手段的发展变化，以便更好地促进我国高等教育事业的发展需要。三是基础教育层次的变化。高等教育的不断变化直接影响着基础教育层次系统，而基础教育层次系统的不断变化也造成高等教育系统外部条件的不断变化。高等教育与中等教育之间存在着如何更好地衔接的问题。作为高等教育低一级层次系统的中等教育目前也正进行着改革，高等教育的基础也就发生了变化，那么高等教育及其管理就必须及时地做出相应的调整和改革。

第一，高等教育管理动态性原则的依据。

首先，权变理论。管理既是一门科学，同时也是一项艺术和技术，既要按规律办事，遵循科学管理理论；也要从实际出发，根据客观实际的需要和变化，运用灵活多样的方式方法，实行动态管理。

其次，教育的基本规律。根据教育的基本规律，高等教育的发展离不开系统内部各子系统的高效运作及其各种关系的协调。高等教育各子系统及其关系也是经常变化发展的。高等教育规模的扩大，高等学校经费来源渠道的多样化，信息技术在高校校园的广泛传播，对高等学校的教学、财务、科研等的管理提出了挑战。因此，高等学校管理必须在改革、创新中不断前进，不断地总结新经验、解决新问题。

第二，高等教育管理动态性原则的保持。就高等教育管理而言，保持其管理原则的动态性需要从以下几方面着手：

首先，提高高等教育管理者的动态管理意识和能力。面对高等教育管理的不断发展变化，高等教育管理者应该具有敏感性、预见性和控制能力，以便根据可能发生的各种变化情况做出相应的调节，进而控制整个系统，实行有效的动态管理，以实现总体目标。原则是人们对客观规律的主观反映，而这个主观反映还不能说是完全的，因为人们的主观认识还在不断深化，所以高等教育管理动态性原则也会不断有新的发展。

其次，保持管理工作的相对稳定。管理工作的开展和管理质量的提高都要求有一个稳定和连贯的过程，以利于管理经验的积累和管理方法的创新。稳定性强调要保持过去的一些优良传统，将已经证明是好的做法和措施并保留在高等教育目标、高等教育计划和高等教育管理制度等方面。

最后，建立和健全高等教育适时动态管理机制。事物的发展总是从量变到质变的。由于量变的幅度比较小，也由于高等教育发展量化的复杂性，如果不仔细长时间地及时观察和研究，就很难觉察这种变化。所以，高等教育管理应该建立一种全面的、高效的动态管理机制，督促和激励管理者经常地、系统地做深入的调查研究。同时，在高校设立校长教育发展顾问、经济发展顾问、学科顾问，设立发展与改革办公室，使高校的管理者尤其是领导者既可以了解和监控社会的经济、政治、科技文化等方面的发展变化，又能掌握和监控高等教育自身的变化，并且对高等教育管理主观因素和客观因素的变化做到心中有数。在这种机制的运作下，管理者可以及时获取反馈信息，对高等教育或高等学校的发展做出准确的判断和决策，采取有效的措施来解决问题。

（三）高等教育管理规律

高等教育管理是一项复杂的社会实践活动。高等教育的管理者必须认识和掌握高等教育管理的规律，依据一定的规则和规范来运作，真正实现高等教育的科学管理。高等教育管理的规律主要包括以下内容：

1. 封闭性与开放性相统一的规律

高等教育管理的封闭是相对的封闭，是包含开放的封闭，并在开放的封闭中实现自身的优化和发展。高等教育管理的开放是在一定基础上的开放，这种开放只有依存于一个相对独立的、完整的高等教育管理系统，才能和社会环境进行物质、能量和信息的交流，从而建立起新的更能适应社会发展需要的高等教育管理系统。

2. 学术管理与行政管理相统一的规律

高等教育管理离不开行政管理，但在高等教育管理中，学术管理也是很重要的一个方面，学术水平的高低、学术管理的成功与否，对高等教育

管理的水平及其发展有重大影响。因此，高等教育管理必须坚持学术管理
与行政管理的统一。

3.过程管理和目标管理相统一的规律

探索管理活动的过程是管理科学的核心问题之一。管理过程是指为实
现管理目标执行一系列管理职能的动态过程和环节。管理活动按一定的程
序行使其基本职能，只有形成有序的管理过程和环节，才能顺利地实现管
理目标。如果对管理过程缺乏综合分析，就难以揭示各部分管理工作的内
在联系。

4.管理与服务相统一的规律

高等教育管理必须注意根据高等教育的特点处理好管理和服务的关
系。要正确处理好高等教育管理中管理和服务的关系，关键是正确对待教
育工作者，特别是高等学校中的教师。在高校中，教师既是主要的管理对象，
又是主要的服务对象。在高等教育管理中，在处理管理和服务的关系时，
还必须把对上级领导机关负责与对群众负责统一起来。

二、高等教育管理的要素

高等教育管理是高等教育发展的关键因素，我国高等教育要不断提高
教育质量，提高人才培养质量，提升科学研究水平，增强社会服务能力，
优化结构办出特色，以适应我国经济社会发展的需要。

（一）高等教育管理目标

"高等教育管理目标是指在一定时期内，高等教育管理活动预期所
要达到的目的或结果。高等教育管理者的职责就是，通过科学管理，充分
调动广大高等教育工作者的积极性和创造性，高效地实现高等教育管理目

标。"① 任何社会实践活动都有预期的目标。不同时代、不同国家的高等教育目标有很大差别。教育者的身心发展特点、高等学校教学过程的规律、高等学校的办学条件等都影响着高等教育目标的制定。高等教育目标是人们在高等教育活动之前对于活动结果的一种预见或构想，是指向未来的，而且是高度概括的。高等学校要制定出自己的发展目标，包括经费筹措目标、教师队伍发展目标、学科建设目标、实验室建设目标等。必须注意的是，无论是何种类型和层次的高等教育目的和目标，都要依据国家的教育方针来确定。下面重点探讨高等学校培养目标。高等学校培养目标是依据高等教育的总目标来制定的，是高等教育总目标的具体化，也是高等学校的活动区别于其他机构的活动的根本标志，主要在以下方面实现：

第一，专业培养目标。明确专业培养目标有利于高校有针对性地实施培养计划，也有利于教师按具体的目标组织教学，使学生明确自己的成长道路，并促使高校培养出社会需要的不同规格、专业对口或相关的专门人才。专业培养目标主要包括三个方面的内容：一是培养方向，是指本专业人才培养的未来职业定向或门类。二是培养规格，是指未来职业对同类专业中不同人才在工作中所必需的有关理论水平或实际操作能力水平的差异。文科的理论型人才、应用型人才，理工科的学术型人才、技术型人才（或职业型人才）和管理型人才都是培养规格的具体表现。三是规范和要求，是指对该专业培养的人才在政治思想品德、知识能力、身体和心理等素质方面的要求。专业培养目标是设计课程体系的直接依据和参照。为了便于操作，在设计具体的课程时，需要把专业培养目标进一步细化，转化为课程目标。

第二，教学目标。高校的教学目标主要包括：一是使学生掌握本门学科系统的理论知识、技能技巧；二是提高学生学习能力、创新能力、实践能力；三是学生通过理论知识的学习、能力的发挥，形成科学的世界观、高尚的道德情操；四是促进学生树立正确的就业观念和良好的创业精神，为社会创造更多的就业机会。学生学习科学文化知识，不仅是为了自己将

---

① 柯友祥.高等教育管理[M].上海：华东师范大学出版社，2000：31.

来能够找到一个好的工作，更重要的是为社会创造财富、推动社会的进步，同时借此为社会成员创造更多的就业机会。总而言之，高校通过教学帮助学生掌握知识，发展智力和能力，提高品德修养水平，更新观念，促进学生素质的全面发展，从而实现培养目标。

学生对知识的掌握、其能力的发展、其品德修养水平的提高、其就业观念的更新是相互联系、相互制约和相互促进的。所以，在高校教学活动过程中，教师要正确处理好专业知识与基础知识、知识与能力、教学与教育（教学的教育性）、学习与就业等之间的关系，坚持知识的博与专相结合，既传授给学生以专业知识，也使学生掌握学习的方法，获得运用知识的技巧；使学生在教学过程中，既学会了专业知识，也成为一个思想品德高的高级专门人才和社会公民；使学生既是未来社会的就业者，也是未来社会岗位和职业的创造者，推动高等学校的教学活动的开展，直接促进社会的发展。

第三，科学研究目标。科学研究是高等学校的重要职能之一，高校通过开展科学研究，可以从三个方面促进高等教育总目标的实现。一是高校科学研究直接推动学科发展。二是提高教师的科学研究水平和教学水平。教师通过科学研究，不仅提高了自己的专业理论水平，而且还将在科学研究过程中所了解的本学科的前沿知识和学术成就引入课堂教学中，并将自己的科学研究方法和经验传授给大学生，培养学生的科学研究意识、投身科学研究的奉献精神及从事科学研究的能力，全面提高学生的素质。三是高校的教材和教学法研究，有利于促进教师编写出一流的教材，选择和运用一流的教学方法，以提高专门人才的培养质量。通过科学研究培养学生的科学研究能力，既是全面提高人才质量不可缺少的一环，也是实现高等教育总目标的根本保障。

1. 高等教育管理目标制定

高等教育管理目标需要充分利用或优化配置一定的人、财、物等教育资源、高效地培养出更多、更好的专门人才，创造更多、更好的科研成果服务社会。高等教育管理目标的制定应主要考虑以下方面：

（1）社会发展的需要

社会现代化建设的需要主要反映在两个方面：一方面，社会经济、文化和科技发展的需要。高等教育管理目标既要考虑社会物质文明建设的需要，也要考虑社会精神文明、民主法制建设的需要。高等教育在确立高级专门人才的培养规格时，尤其要考虑这方面的情况。另一方面，确立高等教育管理目标，要以可持续发展的战略眼光确保高等教育既适应当前发展的需要，又能考虑未来的发展需求。

（2）客观现实条件

制定高等教育管理目标时，一定要从国家、地区、本系统和高校的实际情况出发，因地制宜，有的放矢，根据高等教育的资源状况进行科学、合理的配置，以取得良好的社会和经济效益。在改善高等教育发展条件时，必须尊重客观现实，如果不顾条件盲目地扩张，则必然导致高等教育质量的下降。

（3）科学预测

目标是指向未来的，如果不能正确地预见未来，就难以制定科学的管理目标。因此，高等教育管理者要经常深入高等教育实际工作中调查研究、观察考证，获得第一手资料；在此基础上，综合分析各种信息，应用科学的方法，预测高等教育未来的发展趋势，对高等教育做出正确的规划，确立科学的、可行的管理目标。

（4）教育科学理论

高等教育管理既是一种社会活动，也是一门科学，需要科学的理论来进行构建和武装。教育科学理论能指导高等教育管理工作者科学、合理地确定管理目标，使高等教育工作按照教育规律健康地发展。如果相关人员不懂得教育理论，不了解教育规律，就不可能制定出正确的管理目标。

高等教育管理者在制定管理目标时，必须先考虑如何通过有效的管理来组织高等教育活动，以实现高等教育的总目标。不顾高等教育总目标来制定的管理目标，会使管理活动迷失方向，也就是没有明确的办学思想。端正办学指导思想集中体现在高等教育目标尤其是高校管理目标的制定和组织实施上。

2. 高等教育管理目标实施

高等教育管理目标的实施是一个复杂的动态过程，也是由管理目标的制定进入目标管理的实施的过程。管理目标规定着管理活动的发展方向和预期达到的结果，而目标管理则是管理的方法，用目标去实施管理。在高等教育发展中，管理者要运用目标进行管理，必须把目标的确定与达成目标所进行的一系列管理职能活动有机地结合起来。只是确定了目标，而不做其他"配套工程"，目标管理也是不能奏效的。相关部门要采取各种有效措施，调动高等教育有关部门或人员的积极性，齐心协力地去完成既定的管理目标。高等教育管理目标的实施应注意做好以下几方面工作：

（1）建立完善的高等教育管理目标体系

将管理目标体系分解细化，使高等教育各个层次、各个部门，从个人到集体的目标都得到配合和协调。高等教育管理目标不仅是高等教育管理者的意愿，而且也吸收和体现了群众的思想、智慧。高等教育管理目标体系必须层层分解到基层，如高校系所、部处、科室等，让每个基层单位都建立起管理分目标。与此同时，明确每一个岗位的职责、义务，使每个教师和职工都能按岗位责任制的要求创造性地工作；否则，就不可能圆满地实现目标管理。

（2）建立考核评估制度和指标体系

高等教育目标管理实际上是一种调控，通过调节和控制，使所有的高等教育活动都向规定的目标发展。调控需要信息反馈，有了反馈才能判断实际行动与目标的距离，才能发现偏差，修正"控制变量"。在高等教育管理中，高等教育评估是一种获得信息反馈的手段。为此，应该建立部级、地方、校级和系级高等教育管理水平评估体系与个人工作考核办法，通过合格评估、选优评估等多种类型和方式，认真严格考核高等教育管理目标的实现情况。对发现的问题，尤其是对严重偏离管理目标的活动、工作，要及时地加以纠正，以免影响整个高等教育管理目标的实现。

（3）科学地排定目标序列

由于师资、经费、就业市场、国家政治和经济改革等进程的影响，高等教育发展总目标中的具体目标不可能都同时实现。因此，高等教育管理应该分清主次、轻重缓急，有的放矢，排列出目标的先后顺序，用以约束高等教育有关活动，使之协调一致地向前发展。在实施高等教育管理目标过程中，计划管理是与目标管理相辅相成并联系紧密的一种高等教育管理方法。高等教育计划管理是指根据高等教育管理目标，规划实施的具体方案，以此指导、管理高等教育活动，是高等教育管理目标的具体化。

（4）创造必要的物质条件和精神条件

为了实现管理目标，需要准备相应的财力和物力，但是，办学中需要克服种种困难，需要在探索中找出一条具有中国特色的办学之路。教育者和受教育者的精神条件是不可缺少的，如果没有强有力的思想工作启迪和激励广大高等教育工作者形成奉献精神和科学精神，那么高等教育管理目标的实施也是难以实现的。

（二）高等教育管理规划

1. 高等教育计划的特性

高等教育是一项培养周期长、效益滞后的社会实践活动。科学、合理的高等教育计划，对充分发挥高等教育在未来社会中的功能起着十分重要的作用。高等教育的目的明确了高等教育系统的任务和使命，引导和制约着高等教育管理活动。高等教育管理工作者必须把高等教育系统的任务和使命转化或分解为具体的管理目标，并要在规定的时期内予以实现。为了实现这些目标，各个组织和部门就形成和制订了各种形式和类型的高等教育计划。

高等教育计划是对未来高等教育工作的部署和安排，是面向未来的、成系统的构想。高等教育计划必须对未来的社会需要、环境和条件等做出预测。通过收集、分析、评价与高等教育发展有关的信息，科学地预测专门人才的发展，深刻地把握高等教育发展中各种因素的相互联系，使高等教育计划能较好地适应和促进未来社会的需要和发展。高等教育计划工作的最终目的是要设计并选择出实现目标的行动方案。为此，高等教育管理者要根据特定的目标，在占有一定信息的基础上制定出若干行动方案，通过评价选择出最优的方案。高等教育计划工作通过决策才算圆满和完善。高等教育计划是国家总体社会发展计划的一部分，是国家组织实施高等教育的发展，以保证经济和社会发展需要的重要依据之一。在高等教育管理活动中，高等教育计划工作有以下特性：

（1）高等教育计划的普遍性

无论是国家、地方的高等教育管理部门，还是高等学校、系（所）、教研室，都需要有计划，因此制订计划、执行计划、检查计划是各级高等教育管理部门和高校各级管理人员必须做的一项工作，是管理工作不可缺少的方面。

（2）高等教育计划的首位性

计划工作是必须在其他高等教育管理活动开展之前完成的工作。计划工作的前提是选定工作目标，而工作目标制约着组织、领导、控制等方面的管理活动。因此，在管理活动中，计划工作是首位的。但是，并不是说高等教育管理的组织、领导、控制活动不重要。

（3）高等教育计划具有技术性

高等教育计划一方面是以量化形式表现出来的、可能实现的教育目标，科学性和技术性较强；另一方面，作为实现高等教育目的过程，包含着对高等教育未来发展的预测、战略上的决策等。这些任务的完成都具有一定的技术性，都需要通过相应的技术手段来实现。

（4）高等教育计划的指导性和渗透性

高等教育计划规定了高等教育活动的目标，围绕目标又规定了应该做的内容，由哪些人去做，何时去做。计划工作影响着高等教育管理活动的各个方面，影响着高等教育管理过程的一切环节。计划的作用就是指导性。有了计划，还要有行动才能使计划所规定的目标得以实现；而目标又使行动有了方向，使各种行动在目标的导向下协调一致。这是计划指导性和渗透性的又一种表现。有了计划和计划中规定的目标，就可以用它来检查各级部门和各个管理人员完成任务的情况，并指导行动，纠正偏离目标的行动。

2. 高等教育的发展战略

高等教育的发展离不开高等教育计划，高等教育计划需要人们在高等教育的实践中实施。高等教育计划的实施受到高等教育内部和外部多种因素的制约，而这些制约因素又是不断变化的。因此，如何确立政策和行动上全局性的指导思想，使高等教育计划既能超前适应高等教育内外部的变化，又能推动高等教育计划及时取得良好的效益，也就变得非常重要了。高等教育发展战略在这方面可以起到积极的促进作用。

高等教育发展战略具有四个明显特性：一是具有长期性。发展战略研究的是未来一定时期的战略问题，具有较长久的意义。二是具有全局性。由于战略问题研究全局的指导规律，所以那些只涉及局部的指导思想不在其研究的范围内。三是具有重大的关键性。发展战略所关注的不是各个领域为了发展而形成的具体问题，而是影响未来发展的最关键性问题。四是具有层次性。这是由战略所具有的全局性决定的。因为全局的范围有大小之分，任何一个系统都可以被看作一个全局。而系统又是有层次的，有大系统和小系统，母系统和子系统。所以，相对应于不同层次的系统就有不同层次的发展战略。高等教育发展战略也具备以上四个特征。高等教育人才培养周期长、效益滞后、结构复杂、与社会有直接的密切联系等特点更决定了高等教育发展战略的长期性、全局性、关键性和层次性的特征。

高等教育发展战略不同于高等教育计划。高等教育计划是对近期或未来一定时期内高等教育发展的部署和安排，反映和体现高等教育发展战略，比较具体，易于实施。确立高等教育发展战略目标时，应该遵循以下原则：

（1）战略目标既要具有先进性，又要具有可行性

确立高等教育发展战略目标，一方面，要考虑高等教育在社会经济建设发展中的先行作用和教育投资具有周期长、效益滞后的特点，选择的目标应该是积极的，能够为未来社会经济建设的发展培养出所需要的专门人

才；另一方面，要考虑实现这一目标所必备的社会物质条件，如经费、师资、办学设施、生源等方面为达到目标所能提供的可能性。

（2）战略目标既要定性，又要定量

定性是指在确立发展战略目标时对目标做出总体方向性的规定；定量是指对目标的总体规模、总体效益等方面做出的指标规定。定性和定量是相互统一的，定性是定量的依据，定量是定性的反映。

高等教育发展的战略重点是高等教育发展中对于实现战略目标具有关键意义的环节或部分，如发展中比较薄弱又特别需要加强的方面或在竞争中具有优势的领域等。科学地选择战略重点，对整体战略目标的实现十分重要。重点选择得准确，那么就会在战略实施中取得主动权，把握重点而控制全局，带动其他方面的顺利发展。如果重点选得不准，或在战略实施过程中平均使用力量，那么就会陷入被动局面，往往事倍功半。当然，重点是与非重点相对而言的，它们在战略实施过程中相互影响，并有可能在一定条件下相互转化。因此，在选择战略重点的同时，切不可忽视非重点部分。如果只孤立地抓重点，那么也会破坏整体战略的综合平衡，使重点成为无源之水、无本之木，到头来连重点也发展不起来。

选择战略重点要按照高等教育发展的特点和需要，视客观可能提供的条件而定，不能只从一般的或抽象的角度来选择。一般而言，可以把高等教育发展战略分为准备、发展和调整三个阶段。

准备阶段主要是根据实现高等教育发展战略总体目标的要求，为高等教育的发展打好基础，积蓄进一步发展的人力、物力和财力，如改善办学设施、加强教师队伍建设等。发展阶段是在前一阶段奠定的较为牢固的基础上，实现高等教育的振兴和腾飞，如扩大办学规模、增加培养规格、提高教育质量等。调整阶段是对高等教育发展中出现的新情况、新问题进行协调和解决，对出现的不合理问题进一步理顺和摆正。

（三）高等教育管理过程

高等教育管理过程是指高等教育管理者围绕高等教育管理目标对高等

教育活动中的人、财、物、事、时间、信息进行管理的客观程序。高等教育管理过程是一个动态过程，具有连续性和阶段性。高等教育管理过程属于人类总的认识过程的子系统，受人类认识过程一般规律的制约；同时作为一种特殊的认识过程，又具有自己的特殊性，存在着特殊的认识规律。

1. 高等教育管理过程特点

（1）高等教育管理过程是有目的、多边共同活动的过程

多边共同活动是指高等教育管理者（包括行政管理者和学校管理者）、教师、职工、学生、有关人士等多方面参与的共同活动。高等教育管理目标的实现离不开上述人员的积极参与。例如，学生的学习、思想教育需要教师和政工干部的共同努力；图书资料的购置、利用等是高等学校教师开展教学和科研必不可少的，图书资料管理和服务人员也是不可缺少的。

在活动过程中，由于工作的需要，高等教育管理活动中的有关人员的身份和地位不是固定不变的，管理的主体和客体随着管理对象和内容的变化而变化。例如，高校校长对高校的广大教职工而言，他是管理的主体；而对高等学校的主管部门而言，他是管理的客体。管理也是服务，管理者也是服务者、被管理者，要受到上级和下级的监督。管理者一个人的能力有限，只有充分调动集体的智慧，才能把工作做好。

（2）高等教育管理的目的性更加明确

任何管理过程都是朝着明确的目标运行的过程，它的每一个环节都是在管理目标指导下进行的。在这方面，高等教育管理表现得更为突出。高等教育管理的每一个环节都要以保证和提高教育质量为中心，按一定教育目标培养出合格人才。高等教育的管理过程必须根据经济和社会发展对人才的培养提出的新要求而及时进行调整，以保证人才培养的质量、数量和合理结构。高等教育是一个具有高度动态性的系统，这就要求高等教育管理过程具有足够的弹性，能够提高管理的适应能力，使高等学校和教育行政部门成为具有充分调节能力的系统。

（3）高等教育管理是一个不断进行控制而又难以控制的过程

高等教育管理过程是一个多边参与的过程，而且，高等教育管理的参与者之间的角色经常发生转换，这必然带来工作职责、工作内容、工作性质的变化。对学生的管理不能像工厂生产的产品那样定型化、标准化，而要注意因材施教，因人、因时制宜。这也增加了控制的难度。高等学校培养一名合格的专门人才的周期，依据培养规格和层次的不同，少则二三年，多则十年以上。培养人才的过程长，各门课程和各个环节间积累的误差就大，人才质量提高的难度也因此增加。这就要求加强高等教育管理过程的阶段性控制，保证高等教育实施过程每一环节的教育质量，认真做好阶段之间的衔接，实现高等教育目标和高等教育管理目标的双重最优化。

为了更好地控制高等教育管理过程，一方面要加强预测，提高管理工作的预见性，力求使目标决策正确无误，要按照管理目标和工作规范严格要求并不断注意检查、总结；另一方面在管理过程中又要有灵活性，注意随时根据实际情况的发展变化修正目标决策，最大限度地避免因预测不够准确而造成的失误。这就要求管理者不断提高自己的领导艺术和管理水平。

（4）与基础教育管理相比，高等教育管理内容具有较大程度的复杂性

高等学校拥有培养人才、开展科学研究、为社会服务多种职能。评价一所高校的办学水平和质量可以从多种角度进行。部分高校以培养人才为主，部分高校教学和科研并重，部分高校以科学研究和研究生教育为主等，因此很难用同一种标准衡量高校的办学质量。而用不同的标准进行评价得出的结论就缺乏科学性和说服力。就培养人才的质量而言，其量化非常困难，加上人才培养的起点和终点都不在学校，致使培养人才的反馈信息不准。在高等教育管理过程中，必须加强检查、评估和反馈等环节，保证整个高等教育管理过程始终处于一种良性循环的状态，不断向前发展。

2. 高等教育管理过程内容

高等教育管理过程同其他一切事物和过程一样，具有自己的结构，即这个过程由一些基本环节或者要素构成。高等教育管理过程包括四个基本

环节，即计划过程、执行过程、检查过程和总结过程。

（1）计划过程

有了计划，高等教育管理才会有明确的目的和要求，才能保证高等教育管理工作有的放矢，检查才有依据，总结才有目标。不断提高高等教育规划水平，保证高等教育计划的科学、可行和正确，是高等教育高速发展的重要条件，也是检验各级管理者管理水平的重要指标。高等教育计划过程包括在高等教育领域及其有关方面调查研究、确定目标、拟订方案、选择方案、拟订行动计划等步骤。要把总目标分解成各部门及组织成员的分目标或具体目标，明确它们各自的管理职责、权力，并确定高等教育计划的实施方法和措施，从而保证高等教育计划贯穿高等教育管理的全过程。

（2）执行过程

高等教育管理的执行过程就是实施高等教育计划方案的过程，是高等教育管理过程的中心环节，常常表现为大量的、经常的高等教育管理活动。高等教育执行过程包括建立机构、下达任务、组织执行、指导协调、调整计划等步骤。高等教育管理的执行过程是指管理者在高等教育管理过程中实施组织、指挥、协调、控制等一系列管理职能的活动。这一阶段对高等教育管理者而言，一是要指挥全局，组织力量，不断获取反馈信息，加强对高等教育管理过程的控制，发现和解决问题；二是要妥善处理高等教育发展和高等教育管理工作中出现的矛盾，协调各方的关系，指导高等教育各项工作顺利展开；三是充分调动各方面的积极性，高效地实现高等教育计划、目标，锻炼人才、发现人才，合理配置人、财、物等各种高等教育资源，不断提高高等教育管理的水平。

（3）检查过程

高等教育管理的检查过程或检查环节主要是实施高等教育管理的控制职能，其重要内容是建立高等教育管理的反馈渠道和机构，及时提供反馈信息；纠正高等教育计划执行过程中存在的问题，调整计划，修改或补充执行措施；高等教育的各级管理者通过对下属工作的考核和监督，加强他们的工作责任心，促使其自我约束，以提高工作效率，使高等教育计划和执行措施得以落实。

高等教育的管理者在检查工作时要做到：

第一，要力求深入基层，深入高等学校的教学、科研、后勤服务等活动中去，掌握第一手材料，为科学分析、评价和总结高等教育管理工作奠定坚实的基础。

第二，既要看高等教育管理工作的结果，也要看高等教育管理工作的过程，对高等教育计划的执行等管理工作做出客观评价；同时，发现高等教育管理存在的主要问题，并在检查的基础上提出改进工作的措施。

第三，在检查的方法和形式上，坚持领导检查和群众检查相结合，发动高等教育领域的全体成员自我检查、相互检查（包括自上而下和自下而上的检查）、第三者检查，保证高等教育管理检查过程的全面、准确和彻底。

（4）总结过程

高等教育管理的总结是高等教育管理的终结环节。一是要用科学的方法评估已经做过的工作，肯定成绩，总结经验。二是要看到问题，接受教训。三是要奖勤罚懒。四是要使高等教育管理行为规范化、制度化。高等教育管理的总结是对高等教育管理的计划、执行、检查这三个环节的总检验、总评价，也是为下一个阶段高等教育管理循环中计划的制订提供依据，起着承前启后的作用。高等教育管理通过"总结"这一个环节，可以不断积累高等教育管理经验，提高高等教育管理的效能。

高等教育管理过程的四个基本环节是相互联系、相互影响的，它们之间缺一不可，依次运作，周而复始，形成封闭回路。高等教育管理者要采取行之有效的科学方法，使高等教育管理过程处于良性循环的状态，推动高等教育管理工作不断跃上新的台阶。

（四）高等教育管理方法

我们从事任何工作，都面临方法的选择和优化问题，高等教育管理也不例外。高等教育管理方法就是在对整个高等教育进行计划、执行、检查、总结的过程中所采用的方式、手段、途径。高等教育管理是一个复杂的系统工程，受多种因素的制约，如社会经济、政治、科技、人口、办学条件、师资队伍、管理者的素质等。在这样复杂的条件下，为了合理地配置现有的资源，高效地实现高等教育的目标，就必须有一套科学、可行的高等教育管理方法。

高等教育管理方法，从层次上来讲，包含三个方面的含义：一是高等教育管理的方法论，是高等教育管理方法的指导思想。历史唯物主义、辩证唯物主义和现代管理科学是高等教育管理的方法论基础。二是高等教育管理的具体操作方法，如高等教育管理中的经济方法、行政方法、行为科学方法、系统科学方法等，它们是高等教育管理方法的中心内容。三是高等教育管理的技术，侧重定量实施对高等教育的管理，包括高等教育管理的预测技术、决策技术、规划技术、网络技术、综合评价技术。在实践上，高等教育管理通常是以高等教育管理方法论为基础，以高等教育管理的具体操作方法为核心，结合高等教育管理的技术，将三个层次的方法贯穿高等教育管理过程。高等教育常用的管理方法如图 3-1 所示。

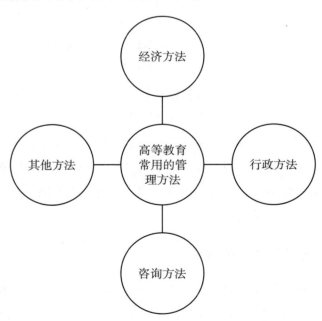

图 3-1　高等教育常用的管理方法

1. 经济方法

随着高等教育发展规模的日益扩大，国家、社会、个人对高等教育的投资不断增加，经济的方法在高等教育管理中发挥着越来越重要的作用。目前，我国高等教育推行的"跨世纪重点大学建设项目""高等学校文科基地建设""长江学者计划"，各高校"特聘教授""师范教育基金""核定收支，定额或者定项补助，超支不补，节余留用"的高等学校预算管理模式等，就是经济方法在高等教育管理中的具体运用。

2. 行政方法

行政方法是指依靠各级高等教育行政机构，采用行政命令、决定、政策、指示或下达任务等手段直接管理高等教育，是我国高等教育管理最普遍使用的一种方法。行政方法具有权威性，起到"令行禁止"的作用，效果非常显著。审批高校的设置程序、制定和实施高等教育招生计划就是一种行政管理方法。在使用行政方法时，要使之符合高等教育发展的客观规律。

3. 咨询方法

在行政决策之前，要充分发挥专、兼职高等教育研究人员的参谋咨询作用，通过在理论上对高等教育实际问题进行探讨、分析比较，提出较为科学的行动方案，为行政决策提供可行性依据。国家在制订高等教育发展计划、改革高等教育管理体制、设置高校专业等方面就采取了咨询的方法，吸收了部分专家的意见和研究成果，使高等教育管理更具科学性和艺术性，更富有成效。

4. 其他方法

系统论、信息论、控制论是现代科学技术发展的新成就，随着高等教育事业的不断发展，被广泛应用于现代高等教育管理活动中。

（1）运用系统论管理高等教育

运用系统论管理高等教育时，要把高等教育放在系统的形式中加以考察，通过优化高等教育内部的结构，协调高等教育整体与高等教育各要素之间，以及高等教育整体与社会政治、经济、科学、文化等之间的关系，发挥高等教育系统的最大功能，实现高等教育的目标。以高等教育宏观结构调整为例，系统论要求高等教育宏观结构既要着眼于高等教育的本专科生和研究生间的层次结构优化，又要考虑高等教育的科类专业结构优化，还要注意高等教育的地区分布结构、办学形式结构等，以保证系统发挥最佳的功能。

为充分发挥系统方法在高等教育管理中的作用，应该坚持外部条件与内部条件相结合，近期目标与长远目标相结合，局部效益与整体效益相结合，定性分析与定量分析相结合的原则，使高等教育立足于动态发展，立足于结构优化，立足于整体高效益，积极、主动适应社会发展的需要。

（2）运用信息论管理高等教育

随着计算机技术和网络技术在高等教育领域的广泛应用，信息论在高等教育管理中发挥着十分重要的作用。在以往的高等教育管理中，人们通常把管理信息，如人才流动状况、大学生成绩、科研成果、财务收支报告等各种教育情报，记录在纸上，查找起来非常困难，费时费力、效率低、效果差。现代电子技术为人们提供了大量高科技产品，如软盘、光盘，从而建立起内存空间极大和存取速度极快的高等教育管理信息数据库。通过对信息的数字化处理，可以建立相应的高等教育数据模型，指导高等教育管理实践，为高等学校的教学和科研多出、快出好成果提供了可靠的保障。

（3）运用控制论管理高等教育

运用控制论原理建立高等教育管理模型，研究高等教育系统功能，最优化地实现高等教育管理目标，是控制论在高等教育管理中的基本要求。具体而言，就是用高等教育系统活动的结果来控制、调整高等教育系统活动。从控制论的角度看，在高等教育管理过程中，各种形式的教育检查实际上就是运用反馈进行控制的一种方法。

运用控制论方法管理高等教育关键在于建立高等教育控制系统。这个系统至少应该设有四种机构：高等教育指挥决策机构、监督机构、执行机构和反馈机构。近年来，在高等学校推行的合格评估和选优评估也是利用反馈与控制原理，通过发挥这四种机构的功能，从根本上督促高校提高办学质量，培养优秀的高级专门人才，创造一流的科技成果，为社会提供高质量的高等教育服务。

另外，高等教育管理活动经常应用心理和行为科学方法，也就是将现代心理学和行为科学的理论和方法运用于高等教育管理活动，旨在从提高人的思想觉悟、改变人的精神状态入手，调动广大高等教育工作者的主动性、积极性、创造性。在高等教育管理实践中，使用最多、效果最显著的心理和行为科学方法主要包括参与法、激励法、沟通法。

总而言之，高等教育管理方法蕴涵着许多现代管理科学理论方法的因素。在高等教育管理过程中，应该充分发挥常用方法的优势，坚持科学的方法论，采取多种途径，调动一切积极因素，以推动高等教育的发展。

（五）高等教育管理创新

1.高等教育管理创新的意义

教育是一种思维的传授，是通过接受教育获得某方面的经验和技能的一种途径。高等教育则是一种专业的教育，即按照专业类别培养人才和职业人员的活动。体制则是一种组织方式。而管理体制就是指采用某个组织形式以及如何将其组合为一个合理的有机系统，并以某种手段、方法来实现管理任务和目的。因此，高等教育管理体制就是指与高等教育管理活动有关的组织制度体系，包括高等教育组织、机构的设置组织、机构的隶属关系以及组织、机构相互间的职责、权限的划分等。高等教育管理体制对于国家未来有着很深远的意义，主要从宏观和微观两个方面来体现。

（1）宏观方面

高等教育管理制度主要由国家来进行制度上的制定和管理，国家会针对高等教育在地方上设置机构，进行责权上的划分，使地方在高等教育管理体制中明晰自己的责任，包括如何管理，都会进行明确指示。根本制度的内容涵盖面比较广，从国家到地方，从高等教育到各高校，从高校到社会，从高校内部到高校内部各部门，都有职能和制度上的相关规定，层层推进，环环相扣，从而实现从国家教育到地方教育的管理，并且使高校教育良好地发展下去。高等教育管理要从所有高校这一整体出发，从全局衡量利弊，从而客观地进行高等教育管理工作的指导与安排。

（2）微观方面

微观方面的管理具体指的是高校内部的管理，它也属于一个独立的整体，包括人员的配置与分工、部门的设立与制度的制定、各个部门的关系与职责等，涵盖了高校内部所有的管理活动，从而高效地对所有工作进行合理的分配。高校是培养专业人才和职业人员的基地，也是为国家培养人才的主要渠道。社会的快速发展，国际形势的日益严峻，人们工作压力愈来愈大，人们对于高等教育的需求度越来越高，使得原来的教育管理体制已经跟不上时代的发展，甚至影响国家未来经济的发展。因此，我国高等教育的发展也要随着国际形势进行转变，高等教育体制需要进行改革。国家的发展离不开高等教育体制改革的支持。教育管理体制并不是一成不变的。我国的高等教育体制在国际发展的浪潮里不断地发展，从而形成现在这种适应当前发展的管理体制。

我国根据高校培养的人才性质对高校进行管理，有的高校由国家直接管理，有的高校由地方直接管理。在高等教育改革创新后，国家对各个高校进行了一定的放权，使得各个高校的自主权明显扩大。高等教育实施的就是专业性的教育，包括全日制和非全日制两种类型，它们主要有六处不同：一是选拔方式不同，二是面向的人群不同，三是上课方式不同，四是考试难度不同，五是毕业证书不同，六是学费不同。两种高等教育类型的教育层次一样，都是大学专科—大学本科—研究生这个层次，专科没有学位，其他都有学位。专业分类也都是一样的，不管是全日制还是非全日制，学生都是在通过考试后，才能获得接受高等教育的资格。以前，国家的高等教育都是国家统一进行招生和工作的分配，现在国家只对一部分生源进行指令性招生，大多都是高校自主确定新生数量和重点专业。

2.高等教育管理创新的策略

全球经济一体化的发展为我国高等教育带来了全新的国际视野，高等教育也以更开放的程度更加注重素质教育。但我国传统的高等教育管理对这种新形势并不完全适应。因此，如何根据我国高等教育现实特点对高等教育管理进行管理创新，就成为本书研究的问题。

（1）强化创新理念建设策略

为了强化创新理念建设，我国高校必须改变以往的管理思路，进行创新管理。为此，高校管理者需要充分了解社会、国际对我国高校的具体需求，动态地洞悉社会、国际对我国高等教育实时变化的需求。我国高校只有充分掌握需求变化的趋势，才能更好地调整教学管理措施，跟上社会、国际的需求，为国家培养人才。新知识经济时代的来临，需要高校将管理的重点从教师转移到学生身上，树立学生是一切的核心理念。只有在以学生为核心理念的指导下，高校才能在高等教育管理工作中，将学生作为管理工作的重点，将一切工作的重心转移到学生身上，培养适应新时代要求的创新人才。

（2）完善教育创新管理手段

我国高等教育创新管理手段要紧紧围绕高等院校教育工作目标展开。围绕高等教育创新管理工作所形成的一系列的相关教育创新管理手段，必须与培养国家所需人才这一目标相符合。高校应彻底将教育管理的对象从教师转移到学生身上，并以此形成相应的教育创新管理手段，按照人才所需，进行相关教材建设、课程建设、学科建设，并修订人才培养方案，形成完善的教育创新管理手段。

（3）提高教育管理创新人才素质

学生是一切教育工作的核心，但教师队伍建设也不容忽视，高校必须重视教育创新管理人才素质提升的建设工作。高校要通过各种方式、各种手段强化推动我国高等教育管理工作发展，提升高等教育创新管理队伍的人才素质水平的建设工作。例如，引进外援。高校通过从外部引进高素质教育创新管理人才，可以快速提升教育创新管理队伍的水平。高校也可以培养现有人才队伍，通过各种教师素质培训班、送外校培训等各种方式，提升高效教育创新管理人才队伍的管理技能和管理水平。

总而言之，全球国际化趋势为我国高等教育带来了全新的国际视野。我国高等教育要应对新机遇、新挑战，必须以更开放的程度，更加注重素质教育，重视教育管理创新工作。

第二节　高等教育国际化的中外合作办学

随着高等教育国际化的不断进步和发展，中外合作办学的模式逐渐发展起来，对我国的教育工作起到了至关重要的推动作用。中外合作办学开拓了学生接受高等教育的形式，能够让学生接收更加充分、更加全面的知识。中外合作办学是跨国高等教育的主要办学方式，兴起于我国改革开放之后。经过长期发展，中外合作办学为我国对外合作交流开启了新的篇章。中外合作办学能够将国内与国外的文化和知识融合在一起。中外合作办学教育机构在中国登记注册，招生主要面向中国公民。

在中外合作办学中，中国机构主要是依据相关法律法规开展教育活动。中国机构只有在相应的教育主管机关部门进行登记、注册，然后才能开展教育教学活动，具体教学内容包括各阶段的相关教育、文化补习教育和自学考试助学教育等。外国教育机构同样是在中国教育法律法规的约束下开展教学活动的。但是，外国教育机构的登记与注册地点在中国境外，教学内容主要包括开展正规的学校教育和常规的教学活动。

中外合作办学的场地一般集中在中国学校，大多不会单独设立教学机构。参与中外合作办学的中国院校有高等学府，也有职业技术院校。中外合作办学具有一个非常明显的特征——依靠某一个教育机构或是高等院校，以一级学院或二级学院的形式出现。中外合作办学的教育计划由办学双方共同探究出来，授课由双方教师一起完成。一般而言，办学双方享有的权利和承担的义务是一致的。在某些特殊情境下，外方需要比中方承担更多的责任。

在中外合作办学管理中，院长起主导地位，董事会负责中外合作办学项目的实施工作，学院经济具有独立自主性。中外合作办学旨在培养可以满足市场需求、与国际发展形势相贴合的人才，可以在很大程度上推进我国经济进步与社会发展。中外合作办学在项目合作的过程中，国内外人员以及技术可以根据需要进行相互的交换和交流。

一、高等教育国际化的中外合作办学特征

高等教育国际化的中外合作办学特征如图 3-2 所示。

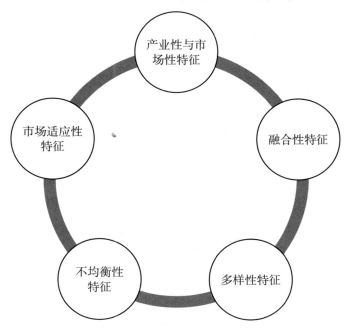

图 3-2　高等教育国际化的中外合作办学特征

（一）产业性与市场性特征

中外合作办学是为营利而开展的教育活动，具有明显的产业性和市场性。在现代社会中，教育被视为服务且能够用于交易并开展国际贸易的途径。在世界贸易组织成立以后，教育服务贸易更是得到进一步发展。合作办学的目的是多样的，具有明显的市场性和产业性。合作办学的主体不再局限于教育机构与组织，国外的投资公司、大型企业等都能够对合作办学项目进行投资，从招生、融资办学到确立教学目标、参与办学管理等环节，都是产业化运作的思想与模式。

（二）融合性特征

融合不是一蹴而就的，而是需要一个过程，在这个过程中，可能会出现矛盾，需要将矛盾双方进行融合，进而达到创新。中外合作办学在一定程度上领先于国内外文化领域，会在无形中践行多样文化的交融和碰撞。中外合作办学中的融合性，可从以下方面进行探讨：

1. 文化的融合

即外来文化与我国传统民族文化的融合。不同价值观、文化习俗和行为方式等在合作办学的实践中相互影响，但这种影响并不只是交融，还表现在文化间的矛盾上。

2. 教学理念、教学方法和管理方式的融合

国外的教育理念对我国高校教育产生了一定的影响。我国高等教育者通过国内外的合作可以学习其他国家的教育理念。国内外合作还体现在教育人员的共同管理、国外教师与我国教育者的亲密程度、国内外教师间的交流等。从交流过程不难看出，中外的教学理念、教学方法和管理方式等相互融合，呈现出相互影响的特征。

在中外合作办学的现实情况中，我国高校要聘请到符合要求的教师并

不容易。在国外广受好评的教师在我国并不一定能很好地完成工作，这是因为合作办学机构所需要的教师不仅要学术一流，还要对中国传统文化有一定了解，对中国人民有亲切的情感。无论教学水平多高的教师，如果不能满足这些要求，也就并不是中外合作办学的理想教师人选。

此外，教师也可以在合作办学的教学实践中不断学习中国传统文化，不断加深个人对中国传统文化的了解。

（三）多样性特征

中外合作办学的多样性主要体现在投入方式和办学模式两个方面。

1. 投入方式的多样性

中外合作办学的投入包括资金投入、知识产权投入和实物投入等。就当前中国中外合作办学的实际情况而言，外方的投入以非资金投入为主，以资金投入为辅，其中非资金投入主要包括图书资料、教学软件、任课教师、毕业证书和结业证书等。中方非资金投入包括土地使用权、校舍、教学设备、任课教师等。

2. 办学模式的多样性

中外合作办学模式具有组织形式多样性、合作方式多样性和发放证书多样性的特点，其概念较为宽泛。

（1）组织形式多样性

中外合作办学的组织形式有两种：一种是在国外设立分校，另一种是进行合作教育。目前，很多地方不允许国外教育机构与组织在我国直接办学，只能依靠中外合作办学方式开展教育教学活动；中外合作办学只在高等教育机构间进行。对中外合作教育机构组织进行划分，可细分为独立设置的中外合作办学和非独立设置的中外合作办学两种。独立设置的中外合作办学并不是完全独立的，办学机构与中国高校间并未形成紧密的联系，办学机构享有独立的办学自主权、内部管理权和财产处置权。非独立设置的中外合作办学又可以进一步细分为二级学院和项目合作型。其中，二级学院在举办活动时可以利用的条件与本校举办活动的条件相同。换言之，二级学院与本校之间可以进行资源共享，这些资源包括图书资源、教师资源和教学设施资源等。

（2）合作方式多样性

中外合作办学的合作模式具有明显的多样性。如果以我国高等院校作为基准，则主要包括一对一模式、一对多模式和多对多模式。一对一模式是指一个国内高等教育机构和一个国外高校相对应合作的方式。一对多模式是指一个国内高等教育机构和多个国外高校进行合作的方式。多对多模式是指一个国内高等教育机构中的多个部门（是同一机构的多个部门，不是多个机构）与国外多个高校之间进行合作的方式。

（3）发放证书多样性

中外合作办学模式发放的证书具有多样性，具体体现在：在中外合作办学中，发放证书的主体有中方教育机构、外方教育机构和中外方合办教育机构。如果中外合作办学机构获得了开展高等学历官方认证的资格，又被纳入招生计划中，在该机构就读的学生在毕业时能够得到我国认可的学历及学位证书。如果中外合作办学机构只获得了开展高等教育的资格，并未被纳入正规的招生计划中，那么学生在该机构完成学习后，就只能获得结业证书，用以证明学生在这一时间段的学习经历。中外合作办学机构要想颁发国外和我国港澳台地区的大学学位证书，必须向国务院学位办进行申请；在获得批准后，才有资格颁发学位证书。中外合作办学机构不仅可以发放学历学位证书，还可以发放其他文凭的证书，例如，国际职业资格证书、专业资格教育证书、各类培训的结业证书等。

在"双联制"的中外合作办学中，如果中方教育机构没有获得学历教育资格，也没有被纳入招生计划，那么该合作办学机构所发放的文凭一般是中方的写实性证书，或是由外方发放的国外高等教育机构认证的大专文凭。学生在获得该大专文凭后，能够凭借此文凭继续到国外的高等院校深造。这类证书也是我国当前中外办学机构发放较多的一类证书。

（四）不均衡性特征

随着中外合作办学的发展，地域分布、学科专业分布、办学水平和国别等方面都出现了不平衡的状态。

1. 地域分布的不均衡性

就当前我国中外合作办学情况而言，中外合作办学机构基本集中在东部沿海地区及大城市，内陆地区和小城市的中外办学机构较少，体现出地域分布不均衡的特征。除此之外，就同一省份而言，中外合作办学也表现出分布不均衡的特点，一般只有在经济较发达的城市才有中外合作办学机构。

2. 合作办学外方国别分布的不均衡性

虽然到中国开展中外合作办学的国家很多，但是国别分布并不均衡，不论是在全国范围内还是某一座城市，都体现得非常明显，且表现出统一特征——开展合作办学的国家，主要集中在美国、加拿大、日本、澳大利亚等。虽然这些国家在国内某些省市的合作办学数量有所差异，但基本上已呈现出这一规律。在中国还没有对外开放教育市场时，国外的一些教育机构就已经打开了中国的市场。在我国明确开放教育政策、允许教育服务贸易往来时，这些国家的跨国教育服务已经占据了良好的市场位置。这些国家的发展较早，自然能够占据更多的市场份额，这也是这些国家在我国合作办学项目数量较多的原因。

3. 中外合作办学专业分布的不均衡性

根据当前中外办学的实际情况可以看出，办学专业并没有进行合理的规划，计算机专业、工商管理专业、外国语言文学专业、经济学专业在全国中外办学合作中都有分布。但是，我国相对急需的专业却缺少合作机构，包括高新技术专业、新材料专业、生命工程专业等。

4. 中外合作办学的层次和类别的差异性

中外合作办学的层次可分为学历教育和非学历教育两大类。学历教育又可划分为中高等学历教育、中等及以下学历教育等。总体而言，全国学历教育与非学历教育表现出各占一半的特点，表面上看起来十分平衡；然而，各地情况差异很大，各省市非学历教育和学历教育的分布占比相差不多。但是，与全国相比就相差太多，这可能与各省市控制大专以下的学历教育有关系。除此之外，各地区的办学层次也有一定的差异，如北京、上海等一线城市的中外合作办学水平就相对较高，而地方性的中外合作办学水平就相对较低，低水平不断重复的情况也非常常见。以山东省中外合作办学现状而言，高等学历教育项目的数量十分有限，能够开展合作办学活动的机构数量也较少。针对这一现象，相关部门应当给予有效管理，针对原申请的办学机构和项目重新进行监管、梳理，应该利用质量把控和年检制度来提高山东省中外合作办学的水平。此外，一部分省市对中外合作办学的实质和价值并未形成正确的认知，对国家当前政策没有良好的把握。在这种情形下，中外合作办学活动很难实现健康、有序发展。

（五）市场适应性特征

将我国高等教育的办学体制、专业设置情况与其他国家高等院校进行对比可以发现，其他发达国家拥有更加广阔的发展市场，能够很好地应对社会环境发生的变化。在教育市场上，发达国家强调教育应当与社会实际需求相结合，所开设的专业也必须紧扣这一要求。

我国通过开展中外合作办学可以引进国外教育市场理念，依据社会和市场的实际需求培养人才，对不正确的人才培养方向进行及时调整，设置能够满足社会需求的专业。在设置专业时，要将市场的实际需求作为设置的重要依据。在引进学科专业时，如果高校不能完全依据我国社会和市场的实际需求选择，那么就会造成专业分布不均衡的问题。

二、高等教育国际化的中外合作办学类型

（一）根据中外合作办学组织模式划分

1. 独立设置的中外合作办学机构

独立设置的中外合作办学机构通常是由国外教育机构和国内教育机构一起设立的，具有独立性。这种合作办学机构具备法人资格，且能够独立承担民事责任。创办该机构的双方一起承担办学经费。该机构具有一套独特的组织结构。独立设置的中外合作办学机构较少，教育主管部门在进行审批时，应当充分地进行实地考察，尤其应当对机构的办学场地和设备进行严密查验。

2. 非独立设置的中外合作办学机构

与独立设置的中外合作办学机构相比较而言，非独立设置的中外合作办学机构尽管拥有完备的组织结构、优良的管理制度和充足的师资队伍，但由于没有法人资格，体现出非独立的特性。中外合作办学机构应当具备《中华人民共和国教育法》《中华人民共和国职业教育法》《中华人民共和国高等教育法》等法律及有关行政法规规定的基本条件，并且拥有法人资格。中外合作办学成立的二级学院被称为非独立设置的中外合作办学机构，是高校的重要构成，应当遵循高校的规章制度。此外，中外合作办学具有一定特性，因而办学拥有一定的自主性和灵活性。就一般情况而言，非独立设置的中外合作办学机构在财务上具有一定的独立性，其招生计划与未来的发展规划需要高校的认可。

独立设置机构的优点主要体现在可以合理地组织教学活动以及得到办学自由的权利，包括合理创新教育组织、深入改革学校内部管理；缺点体现在，不归属于政府的教育体制，将导致办学具有较大的难度与障碍。

非独立设置的中外合作办学机构主要是指高校的二级学院。部分在国

际交流与合作方面较为活跃的高校均设有此类机构。这类机构不具有法人资格，但拥有部分相对独立的教学场地和设施，部分财务独立。非独立机构的管理队伍以及师资队伍具有一定的独立性，发展规划和方向都要根据高校的制度来进行设置，其内部管理也要和高校保持一致。除此之外，非独立机构还可以与高校母体共享教学资源，从而不需要高校投入过多资金。

（二）根据跨境教育提供方式进行划分

根据中方和外方的合作方式，中外合作办学具备跨境教育的提供方式有：

1. 协议项目

专科类的中外合作办学项目，通常采用学生在中国高校学习 3 年后，可以到国外继续接受高等教育的方式进行。学生在国内学习期间的课程从国外引进，由中方教师和外方教师一起执教。在完成 3 年的专业学习后，学生即可获得大专证书，然后将学生转入外国高等院校，继续进行学习。这种协议方式是中外合作办学的一种常见教学方式。学生可以根据自己的学习情况和经济状况自愿选择是否到国外学习。合作办学的双方会遵循让学生自愿选择的原则，学生如果想出国留学，经过学校的同意后，就可以出国学习。如果学生不想到国外学习，在学校学习到的知识并取得的证书后，就可以在国内发展。根据协议要求，中外合作办学的项目在开展的过程中会出现国内外人员的流动和教育项目的流动。

2. 双校园

双校园的办学模式最早出现在马来西亚、英国、澳大利亚等国家。随着我国教育事业的不断发展，中国的一些高校也开始设置"2+2"或"3+1"等本科办学项目。"2+2"指学生在国内高等学院学习 2 年，然后到国外的高等院校继续学习 2 年；"3+1"指学生在国内学习 3 年，在国外学习 1 年。学生在完成学习后能够获得国外高等院校颁发的学历证书。这类办学模式会呈现两极分化的特点。在好的办学项目中，学生会在国内学习阶段了解到国外教学的相关知识，我国高校还会引进国外合作方的课程，使得学生可以在出国前适应国外的学习模式。在不好的办学项目中，学生分别在国内学习和国外学习时基本上处于两个分离阶段。换言之，学生在国内学习时不能接触到国外教学的相关知识，在出国后将难以适应国外的学习生活。还需要说明的是，双校园的办学模式一般会用于出国留学的学生，需要学生和家长仔细甄别，因为有的项目存在留学中介的嫌疑。

3. 颁发双证书

无论是专科、本科还是研究生，都存在双证书项目。双证书项目是指学生在进行系统的学习后可以获得双证书的一种中外合作办学项目。双证书项目教学由中外合作办学机构共同设计，课程安排融合了中外双方的课程项目，学生在国内能够接受中外双方的共同教育，并且在完成学业后能够获得双方颁发的证书。在双证书项目中，中外双方都参与教学的组织和管理，一起把控教学质量，一起选择合适的教师，让学生能够在中国本土实现"留学"的目的，是一项比较受欢迎的中外合作办学项目。

4. 只颁发外方证书

只颁发外方证书的教育模式又称为非学历教育。这类教育模式的教育项目来自外方，学生在完成系统学习后，由外方学校为学生颁发学习证书，中方学校在该模式中主要提供教育服务和内容。

三、高等教育国际化的中外合作办学管理

（一）高等教育国际化的中外合作办学管理要求

1. 中外合作办学主体多元化

办学主体多元化主要是指中外合作办学的主体由单一的政府转向多元

化的企事业单位、民间团体产业财团、公民个人以及境外政府部门。总而言之，高等教育办学机构要符合国家的政策要求。与此同时，其不仅可以与境外教育机构进行合作办学，还可以让社会团体、其他社会组织、公民以及企事业单位独立办学或者股份制合资办学。除此之外，资金投入的多少不能直接决定办学主体，而应该把注意力放在中外合作办学的过程当中，将声誉、资金、管理模式、政府、企事业单位、公民等有形资产和无形资产都当作衡量标准，进而来选定办学的主体。

高校办学主体并不单一，呈现出多元化的特征。不同办学主体应该给予彼此一定的理解和尊重，在日常管理过程中积极地沟通和交流，如果希望办学取得良好效果，就需要保持交流方式的流畅和交流的及时有效。在这种状态下，高等教育尤其是办学主体多元化的实践者——民办高校和中外合作办学高校，要保证所有办学主体能够在办学过程中充分发挥自身的积极性，设置科学、合理的交流平台。

2. 以人为本的人文精神管理

在管理活动中，管理活动主体应当接受一定的理解和尊重，充分表现出一种以人为本的人文精神。高校是人才汇聚之地，也是培养社会未来栋梁的地方，只有始终秉持以人为本的管理思想，才可以较为全面地开发出师生的发展潜力，让他们充分展现积极性和创造力；只有始终秉持以人为本的精神，清晰地认知人、研究人，才可以使人们的心理需求得到满足，确保教育运行机制有序推进，实现预期目标。

（1）培养主体意识

主体意识主要表现在两个方面：一是中外合作办学的主体应当始终保持主体意识，二是注意培养广大师生形成强烈的主体意识。中外合作办学的管理者以及管理机构应该充分发挥高校师生的特长，通过各种形式进行监督和管理。管理者在管理过程中给予广大师生绝对的尊重，进行科学指引，让他们形成强烈的责任意识，充分发挥自身创造力。

（2）发掘人的潜能

中外合作办学汇聚着非常优良的教学资源，其中便有出类拔萃的人才资源。中外合作办学应当充分、有效地发挥人才潜力。在以人为本的背景下，构建一个良好的、可以展现人才才能的平台，是开发人潜力的关键方式。

（3）营造文化氛围

良好的文化氛围有利于培养人的主体意识。在中外合作初期，人们并不会重视这种情况。中外合作办学由于办学主体的差异性，导致不能形成和谐统一、富有感染力的文化气氛。要确保管理产生良好的效果，就需要坚持以人为本，构建富有人情味与鲜明特色的文化气氛，有利于中外合作办学取得成功。通常而言，中外合作办学会涉及中西方文化的融合，文化背景迥异的中外工作者都会参与其中。所以，充分探索两者间的和谐之处，可以让中外工作者短期内在全新的文化氛围中感到舒适。

（二）高等教育国际化的中外合作办学管理方向

高校精神和管理模式的构建具有非常紧密的联系，一方面，高校精神会在一定程度上决定具体的高校管理模式；另一方面，高校的文化精神是借助高校管理模式较为具体地呈现出来的。此外，要形成和构建良好的高校精神文化，需要合理变革和发展管理模式。中外合作办学的高校精神与普通的高校精神不同，它是在中外文化相互影响、融合的环境下形成的，能够使中外合作办学更加丰富多元。由于中外合作办学具有一定的开放性特征，所以创新性便得到充分彰显。

1. 以"人"联结高校精神与管理模式建构

高等教育紧紧围绕"人"这一核心要素展开，目标是培养出优秀的人才，使人形成优秀的品格。高等教育始终秉承科学发展观，应当坚持以"人"为本的精神和理念，是秉承民族内在精神、形成完善人格的关键。所以，要把管理模式和内在精神建设切实贯彻到"人"，立足于推动"人"的进步和发展。

中外合作办学管理模式的建设不仅应充分推动人的全面发展，也应理解人的发展在社会发展中扮演的角色，并认识到国际舞台上的中外合作办学同样具有鲜明的中国特色。中外合作办学只有坚持让个人的发展与社会繁荣紧密联系在一起，其内在文化和管理方式才能带有更多的前沿性，才可以在日益激烈的国际竞争中占据优势。所以，高校在开展中外合作办学时，应当形成国际性视角。在国际性背景下，发展自身的精神文化，不仅强调要尊重他人的尊严，还要让人们生活在自由、平等、和谐、公平、公正的社会中。

2. 以"自由"联结高校精神与管理模式建构

高校应当将"自由"作为良好的联结点，使高校精神和管理模式实现紧密结合。换言之，中外合作办学管理模式的构建，应当以追求、崇尚自由精神为指引，使日常教学管理与高校崇尚的独立自主精神紧密融合，在真正意义上实现中外合作办学的价值。

（三）高等教育国际化的中外合作办学管理维度

从本质上而言，教育管理是对不同个体间关系的把握。因为实行教学管理和接受教学管理的都是"人"，所以构建教育管理模式的重点是明确两者间的关系。教育管理不仅具有管理的教育理论价值，还具有管理的效率价值。教育的目标是人类更好的发展，教育管理要遵从教育目标。

管理主体是指参与管理活动的管理者和被管理者。相较于公立高校与私立高校，中外合作办学高校的主体因素并不纯粹。正因为如此，中外合作办学的管理主体带有一定的复杂性。一般而言，管理者和被管理者之间彼此作用，具有一定联系，带有一定的互动性。如果将背景和主体间的关系梳理清楚，那么管理者和被管理者就可以进行有效的沟通。这里以"主体"为基点，从多个角度探究中外合作办学的管理模式。

1.从日常管理维度分析中外合作办学管理

中外合作办学的日常管理具有一定的复杂性，主要内容包括师资管理、教学管理、德育管理、教育科研管理、体育卫生管理、大学生管理和财务管理等，每一部分的管理方法和模式还可以细分。下面将管理主体作为突破口，主要研究中外合作办学管理中的主体间性模式。从主体思想和主体间性的角度分类，教育管理模式主要分为三种，分别是民主式主体间性模式、服务式主体间性模式和引导式主体间性模式。针对以上管理模式，以管理主体的发展情况为切入口，了解在日常生活中出现的主体间性管理模式，更有利于研究中外合作办学日常管理的主体间性模式。

（1）引导式主体间性管理模式

引导式主体间性管理模式适用于主体性不完全的被管理者主体。在该阶段，由于被管理者尚未形成较为成熟、明确的主体性，无法与主体进行深入、全面地交流。换言之，对话位于较低层面，管理者需要充分培养被管理者的主体性，指引其走向更加成熟、完善的阶段。这种模式并非完全不认同管理者，事实上是对被管理者作为"人"的发展的关注，是"人"在管理中的延伸。

从引导式主体间性管理模式的角度来看，管理者制定了管理的目标和规章制度，但是被管理者和管理者都是主体，它们的交流是平等的。管理者虽然建立了管理的规章制度和目标，但当被管理者和管理者进行沟通交流时，管理者接收到的信息就是一个反馈的过程。从这个角度不难看出，交往对话不仅是一种科学方式，还具有一种特定目的。通过交往，主体不仅可以了解和学习管理规则和目标，还可以根据得到的信息来调整规则和目标。

引导式主体间性管理模式主要体现在中外合作办学的师资管理、德育管理和教学管理等方面。在开展中外合作办学的过程中，如果教师承担被管理者的身份，特别是工作经验十分有限的教师，将具有较大的提升、完善空间。其不足之处主要包括工作时缺乏饱满的热情、没有清晰的职业定位、专业发展后劲不足。针对这些情况，管理者需要合理、恰当地指引他们设定科学的职业规划和目的，让他们实现综合性发展和进步。如果群体主体是被管理者，则主体性的不成熟就会体现在成员之间没有良好的合作精神，不能进行及时有效的沟通。从这种情况下不难看出，群体主体不能改变群体的外部环境，也不能有效地调解群体的内部情况，这时群体有可能面临解散。这种情况在中外合作办学里较为常见，主要是由于中外合作办学，需要面对不同国家文化的碰撞和交融。管理者在面对不成熟的个体主体或群体主体时，极易将管理关系变成一种"主体与客体"的关系，是传统管理模式不成熟的表现，具体表现在对教师与学生的管理并未给予充分的尊重和理解，在一定程度上降低了学生和教师的积极性。

（2）民主式主体间性管理模式

美国高校实施的民主化管理是民主式主体间性模式的体现。民主式主体间性管理模式主要适用于相对成熟的被管理者。美国有些高校的民主管理由董事会担任，董事会的成员主要是政府官员、社会名流、高校代表、企业高管、教师、学生以及校友代表等，他们主要负责高校的外部管理，对学校未来的发展起着至关重要的作用；不仅如此，教授会以及校务委员会也可以参与高校的管理工作。校务委员会主任一职由校长担任，校务委员会成员主要包括管理部门人员、教授、大学生代表、系主任、院长和副校长等，目的就是针对教育和学术政策、高校的发展前景和大学生利益问题提出建议和想法，进而推动高校的发展。教授会作为教师的正式代表机构，主要职能是询问并探讨高校管理的政策方针，并表明教师在高校未来发展方面的意见，能够有效推动教师切实参与学校的管理，获得良好的权益。此外，学生在高校中也可以构建起一定的组织（学生会），向高校表达他们的需求和意见，当出现实际问题时，学生会针对问题与高校管理者进行沟通、交流。

在中外合作办学过程中，民主式主体间性管理模式能够让不同要素焕发出强烈的积极性，将不同国家的文化进行融合，让每个要素都得到最大限度的展现。民主式主体间性管理模式在一定程度上区别于民主参与管理，后者或者因为缺乏真挚的交流和理解，民主过程或多或少会表现出权力斗争的特性，这种特征始终秉承着推动人的综合发展思想，所以交流旨在推动人的全面发展。从这个视角来看，相较于美国的民主管理，民主式主体间性管理模式更具有前沿性。在这样的管理模式下，中外合作办学的管理目的和方法需要符合一定规则，并且是在沟通、交流过程中形成的。如果个体主体是被管理者，则管理者可以通过民主的方式制定新的管理思路，进而推动个体及高校的发展。

如果中外合作办学群体的主体是被管理者，则群体主体具有成熟的民主理念，形成充分的平等理念和建设理念。在这样的状况下，教师应当在高校管理中承担重要角色。同时，大学生需要通过科学、完善的组织对自身进行管理。教师群体开展内部沟通、交流，选出教师群体代表组成委员会，使之与组织领导进行谈话，从而制定出目标和制度。这样的规则和目标是在深入交流过程中形成的，属于不同主体的思想汇聚产物，表现为主体间形成相同的价值理念。从这样的视角来看，中外合作办学主体之间的交流和沟通并非让群体在自在、随意的环境中感受到人性关照，而是一种对人实质的尊重和理解，可以促进人们发挥自身潜力，同样适用于大学生群体合理的自治管理。大学生通过平等、科学的交流，形成类似班委会，再通过师生与班委会成员之间开展全面、深入的交流，形成班级需要达到的目标、班级条例与规范，从而使大学生形成更加规范、科学的行为。

（3）服务式主体间性管理模式

中外合作办学管理应当为教师的科研活动、教学活动与大学生的学习生活服务，为他们实现突破奠定一定基础，从而使中外合作办学获得更高水准。换言之，主体对自身所处的管理环境表示绝对认同，把自身尚未达成的状态显现在管理者眼前，希望管理者可以积极地加入。对于主体而言，管理并非一种局限、束缚，而是一种优良的服务。管理者凭借与被管理者展开的有效沟通和交流，掌握个体在学习、生活中遇到的问题，借助相互深入学习，促使个体与中外合作办学能够得到持续进步和发展，所以，这种管理模式也在一定程度上彰显了和谐的氛围。服务性主体间性管理模式主要适用于成熟阶段的群体主体或者个体主体。在此种管理模式下，主体要想更好地发展，就需要采用中外合作办学的方式，改变外部环境，为主体创造良好氛围。

在中外合作办学中，高校管理者应该合理地管理各个国家的专家型教师，避免过度重视管理常规，在交往式的管理里对不同的学生表示充分的尊重并给予他们适当的支持，使其进行自主学习。当群体主体是被管理者时，群体主体不仅具有较高的团队意识，还要积极地适应外部环境的变化，使得群体内部环境变得更加和谐，进而达成群体主体的规则和目标。这种目的和法则，通常是以隐性的形式存在。成员之间凭借相同的目标、价值理念、内在精神等实现紧密结合。对于中外合作办学而言，这种整体认同感显得十分困难。中外合作办学文化的建立是一个长期的过程，当个体主体对相互融合的文化有一定的认同感时，各主体之间的交流也会随之增加，主体的心情也会更加舒畅，在一定程度上推动了个体前进。

管理对于成熟的主体性群体主体而言，是无为的，也是有为的。管理无为代表管理者不必过于重视自觉自主的群体管理问题；管理有为则代表群体组织应当得到良好的关照，并推动自身持续发展，逐渐形成良好的团队精神并彰显出鲜明的文化特征。

2. 从国际化交流维度分析中外合作办学管理

相较于其他高校，中外合作办学高校会展现出较为鲜明的差异性，主要体现在后者是在充分且深入的国际交流中形成。因此，一方面中外合作办学是国际间的沟通交流与合作，另一方面代表竞争从初始阶段便显现出国际化色彩。

（1）国际竞争

中外合作办学面对的国际竞争形势十分严峻。

第一，公办高校与私立高校在我国的发展早于中外合作办学，而教学资源并不是无限的，中外合作办学需要与这两者竞争资源。在这一过程中，中外合作办学高校应当做出科学、合理的定位，构建合理、规范的管理体制。这样做不仅能够促使该校获得科学的管理，也可以确定其缺乏、有待改进之处。该校也可以在激烈的对外竞争中获得良好效果。事实上，这种竞争能够充分发挥这类高校资源所具备的优势，弥补其存在的缺漏。

第二，中外合作办学高校面临国际高等教育发展的冲击。如今，越来越多的国家的高等教育都带有鲜明的国际化色彩。在此环境下，中外合作办学高校应该积极、自主地面对教育国际化的难题，采取的竞争策略是将独特、鲜明的资源当作良好的竞争条件，从而推动自身取得长足进步。这类高校在该过程中需要在强烈的合作意识指引下，通过充分地交流，有效开展管理。管理者要形成较为开阔的国际化竞争视野。同时，这类高校应当在主体意识引领下，开展积极的交流和合作，体现自身办学特色，从而在激烈的竞争中获得优势。

（2）国际交流

国际合作办学的交流要在更加细微的要点中表现出来的。

第一，是对教育管理体制的认同。中外合作办学教育管理体制是中外双方相互合作、交流形成的结果，应当充分表现出两者的文化特性和接纳方式。中外合作办学的教育思想并非要实行条例，而是应当贯穿管理主体的日常工作，对此，教育管理理念需要吸纳世界前沿的教育思想，管理者也应该思索管理主体认知和执行教育思想技能。只有在两者间构建十分优良的沟通体系和反馈路径，才可以使教育思想合理地运用和体现在中外合作办学中。

第二，对教学管理方式的认知。由于中西方文化具有明显的不同性，中西方的管理方式也有一定区别。传统教育管理方式较多地依靠行政手段，通常忽略了自身创造力的发挥。近代西方管理理论不仅具有先进性的特点，还具有一定的合理性，但其管理手段不完全符合中外合作办学的情况。中外合作办学要想长期地发展，就必须先在内部进行沟通、交流，制定相应的管理理念、手段和规则。

3. 从市场化维度分析中外合作办学的管理

中外合作办学未来的发展情况由社会选择决定，中外合作办学只有先建立市场竞争管理机制，才能在国际市场竞争中竞争大学生、科研项目和资金。例如，对校长、校外董事、公共关系副校长、大学生服务副校长以及机构的选择都会影响高校在国际市场竞争中的竞争力。在国际竞争的环境中，中外合作的过程中要考虑被管理者和管理者之间的关系。此外，中外合作办学高校应始终遵循主体间性原则，在这一过程中给予个体充分的尊重，推动两者紧密交融。所以，应当将中外合作管理体制构建成一种由市场调控的机制。在该机制下，不同类型的市场对中外合作办学管理将产生一定作用。

（1）中外合作办学的大学生消费市场

消费的选择对中外合作办学的消费市场具有重要的影响作用。消费选择其实就是指大学生自主选择中外合作办学高校和专业，并深入地了解其教育规模、教育品牌和教育理念，之后选择符合社会未来发展的学校。从某种意义来看，中外合作办学的教师聘用、教学和研究设施、学习及生活条件、教学计划的调整、专业学科的建立都符合高校招生政策，其目的就是吸引更多的大学生。这一过程主要就是大学生与管理主体之间的沟通和交流。

（2）中外合作办学的学术师资市场

中外合作办学的学术师资包括教师和学术行政人员。中外合作办学的师资市场对这类高校的人事管理及政策的影响是直接的。一方面，中外合作办学高校可以自由地选择学术行政人员和教师；另一方面，教师资源在市场竞争中具有一定的优势，学术行政人员和教师可以自由地选择学校，这主要是主体间性管理模式的体现形式，最大限度地尊重科学研究的主体地位和教师。

（3）中外合作办学的科技服务市场

中外合作办学应面向科技服务市场，这是这类高校取得长足发展的必然选择。在传统意义上，高校是开展科研的主要力量，然而，对于兴起的中外合作办学，大众对其科研能力并未给予充足的信任。实际上，开展科研和科技服务等都需要大学提供充分的办学经费。高校要取得精良的研究项目和足够的经费，是需要一定前提条件的，即需要科研成果达到较高层次。因此，高校设立了科学、规范的学术政策和制度，以求在竞争激烈的科技服务市场中脱颖而出。

自然系统工程不仅可以提高中外合作办学的科技管理水平，还在一定程度上推动了科研水平的发展，其中教学水平的提高和科研风气的培育表现得最为明显。主体间性管理模式的运用对自然系统工程起着至关重要的作用。当主体被尊重时，主体才能提高积极性，进而最大限度地发挥作用。

第三节　高等教育国际化进程中的外事管理

"高校外事部门是对外沟通与交流的主要渠道，其对高校在迈入国际化发展中起着非常重要的作用"[①]。高校外事工作包括：一是派出工作，为提高教师的专业素养，可提供政策上的支持、鼓励教师出国进修，学习国外先进的教学理念，组织教师出国参加国际学术会议等，提升教师的专业能力，为高校注入源源不断的动力；二是引智工作，高校可公开招聘国外优秀人才到校任教，不管是在薪资待遇方面抑或是其他政策方面都给予其倾斜，让国外的优秀人才能够无后顾之忧，扎根到学校的教育事业中，为学校的发展出谋划策；三是做好境外来访团组的接待工作，对到校参观的外国宾客应为其提供优质服务，并指派专业讲解员对学校的办学特色和教学情况等进行讲解；四是留学生的招收与管理工作。高校每年在招录学生方面都应该留出一定的名额给留学生，为他们创设一定的环境，使他们能安心在校学习。学校的教学科研工作的开展离不开外事工作的支持，外事管理工作人员应提高认识，从各方面做好管理，为学校的长久发展提供

---

① 康玮玮.高等教育国际化中高校外事管理工作探讨[J].人才资源开发，2016，（16）：39.

可靠保障。

随着高等教育在国际交流方面不断深化，交流频率的增加和交流内容的拓展使得高等教育国际化程度愈加深入。与此同时，高等院校的外事管理工作变得越来越重要，在面临巨大发展机遇的同时，也出现了更多的挑战。这就要求高等院校要更加注重外事管理，重新审视外事管理工作的新发展，采取有效提升高校外事管理工作效率的措施，促进我国高等教育国际化的可持续发展。

一、高等教育国际化进程中外事管理的意义

随着经济全球化发展步伐不断加快，国与国之间的交流变得日益频繁，我国高等教育发展也应与时俱进，走国际化发展道路。高校外事部门应强化对外交流渠道，创新工作思路，为学生创造良好的学习环境。

（一）推动高等教育理念朝着国际化方向发展

育人理念是高校教育工作核心，在开展外事管理工作过程中，国际化先进育人思想涌入国门，对传统育人理念产生影响，成为高等教育改革内驱动力，继而使我国高校教育思想更为先进。

（二）调整高校人才培养目标

当前，我国的科技、航天、经济等领域均持续对外开放，要求人才具备国际视野，能够了解国际社会专业领域发展动态，使人才学习探究活动更具发展性。高校在开展外事管理工作时要了解国际人才培育领域最新动态，从专业发展角度出发调整本国人才培育目标，助推人才深入学习掌握国际文化和专业技能，熟悉国际语言、文化环境、思维模式，使人才能够立足所学专业与国际社会接轨。

（三）提高高校教学内容改革质量

高校在外事管理工作中可以整合国际教育资源，将其应用到高等教育教材改革中，有利于高校创编"校本"课程，实现"双一流"建设目标，凸显本国高等教育改革实践优势，使学生在传承本国优秀文化的基础上学习、汲取更多国际社会知识，达到提高高校新时代教学内容改革质量的目的。

（四）赋予教育研究成果国际性

教育研究是弥补高等教育育人缺陷的重要途径，为避免教育研究思路较窄，教育研究实效性欠佳，高等教育在教育研究时可以开展外事管理工作，创立国际教育研究项目，组织开展国际学术研讨会议，聘请国际教育专家针对高校教育研究提出宝贵意见，建立国际化专家教育研究体系，为高校教师进行教育研究给予支持，解读国外高等教育最新研究成果，在掌握国际学术动态前提下从实际出发，做好教研工作。一方面赋予高校教育研究国际性；另一方面提升本国教育研究成果在国际教育领域中的影响力，同时可强化高校师资力量，为高校持续创新育人模式，助推高等教育事业落实国际化发展目标奠定基础。

二、高等教育国际化进程中外事管理的策略

高等教育国际化进程中外事管理工作发展需遵循的原则包括：

第一，深入改革原则，保障高校外事工作方向与本国深入对外开放、对内改革的人才需求一致。

第二，实事求是原则，确保高校外事管理工作与高校育人环境、条件、生源特点、办学宗旨等相契合，使高校外事管理工作更加有效，避免出现与高等教育发展期许相悖的消极现象。

第三，以人为本原则，突出高校外事管理工作为学生、教师、学校、

社会乃至国家服务的特性，使高等教育国际化进程中高校外事管理工作更加科学、可行。

高等教育国际化进程中外事管理的策略如图 3-3 所示。

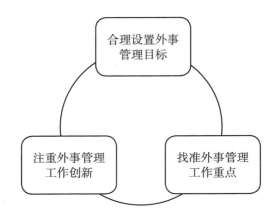

图 3-3　高等教育国际化进程中外事管理的策略

（一）合理设置外事管理目标

合理设置外事管理目标需要做到：

第一，加强国际社会和国内社会高等教育发展趋势研究，营建实时、科学的工作管理发展氛围，立足教学管理、科研管理、师生管理等领域，明确高校外事管理工作目标，使专家聘用、教师外派、国际学者接待等管理工作思路清晰、目的明确、实时高效。

第二，以各院系为依托，立足顶层设计，解构外事管理工作目标，旨在加强教学互动、学分互认、国际合作，各院系与各领域可以明晰服务主体，看清工作局势，以此为由设定工作方案，赋予高校外事管理工作协调性、预见性。

第三，加强高校外事管理监督工作，明确监督制度、标准、流程、规范等细则，确保工作目标能够落到实处，及时纠正工作偏差，通过发挥高校外事管理工作优势，展现我国教育风采，汲取国际教育营养，提高高等教育国际化发展质量。

（二）找准外事管理工作重点

1. 优化高校师资力量

立足国际社会，以助推本国高校教育事业国际化发展为导向，聘请国外专家、学者及优秀管理人员参与本校教育教学活动，确保教育理念、方法、资源与国际社会接轨，使本校师资力量更强，同时还可通过外事管理为本校优秀青年教师深造探寻良机，达到不断强化本校师资力量的目的。高校可以招聘一定的专业外籍教师，补充教师队伍。在选聘人才时，具体措施包括：

第一，对外国教师的学历水平和个人简历等内容进行全面审核，待达到高校相关要求后应做好外籍教师的体检等工作，并与教师签订劳动合同。在劳动合同中应对各国的国情及双方的具体情况进行详细说明，以免在后期发生不必要的争执。

第二，应为外籍教师提供一定的住房保障，双方在共同协商下确立薪资福利，有效保障外籍教师的各项权利。

第三，在合同执行过程中如有不妥之处，可与外国教师协商，在征得双方同意的基础上进行必要的修改或者签订补充协议，一方面能确保外籍教师享受到公平工作的待遇，另一方面也能促进高校外事管理工作的有序开展。

2. 国际教育交流互动

高校可以以高校外事管理为媒介创设国际社会教育互动平台，联合开发教学研究项目，使得优秀教育技术引进来、走出去。各国可以定期开展教育研讨会，创造有利条件，使国际教育体系碰撞更具实时性、灵活性、发展性，继而助推高等教育朝着国际化发展。

3. 及时调整工作目标

国际教育空间具有动态发展特性，高校外事管理工作需紧抓"灵动"

要点，在此基础上将本校工作成果渗透在高校国际化发展进程中，实时统筹国际教育事业发展数据信息，助力高校改进发展目标，使高校的国际化教育目标与时俱进并得到贯彻落实。

4. 构建外事工作发展长效机制

确保高校外事工作持久、有序发展，构建有利于高校外事工作发展的长效机制显得尤为关键。高校外事工作为学校的教学和科学研究活动的顺利开展提供支持和保障，但也离不开教学科研单位的支持。高校外事的发展不仅仅是高校外事部门的任务和责任，也是全校教学各行政及教学、科学研究单位共同推动的结果。高校各院系应转变观念、提高认识，将师生对外交流、召开国际学术会议、与国外高校的合作科研项目等纳入学院自身考核中，并严格落实。各院系应根据自身的教学和科研现状，制订出切实可行的外事发展计划，并鼓励师生积极投入到国际学术交流当中。高校应给予其政策上的倾斜和资金支持，以调动全校师生的积极性，促进高校外事工作的顺利开展，提升院校的国际地位和国际影响力。

（三）注重外事管理工作创新

1. 注意事项

高校外事管理工作的创新，需要注意：

第一，明确创新关键。将创新纳入高校外事工作发展体系中作为顶层设计的一部分，使之与高校外事管理工作发展保持同步。

第二，规范创新细则。将创新视为有关工作发展的关键部分，使高校外事管理工作的创新标准统一、流程合宜、制度清晰、责权明确，增强高校外事管理工作创新的系统性。

第三，应用"互联网+"思想，创设跨境高校教育互动平台，确保国内外高校外事工作信息共享，提高管理策划的有效性。

2. 具体措施

第一，运用信息手段规划高校外事管理工作风险预判模型，剖析其外事管理工作新基点，以此为基础持续优化工作体系。

第二，高校运用大数据技术统筹相关管理工作数据，通过存储、挖掘和应用数据，在高等教育研究、改革、教材编写和人才培养等过程中给予支持。

第三，以高校外事管理网络为媒介共享科研成果，在互联网上举办学术研讨会，赋予国际社会教育学术探究实时性。

第四，以高校外事管理服务主体为依托创设电子档案，存储管理资料，为师生、管理者等主体及时运用有关资料，解决现实问题并提高外事工作质量奠定基础，提升其服务水准，继而使高等教育国际化进程中的高校外事管理工作得以创新发展。

高校外事管理部门是连接高校与国际之间交流的有效渠道，因此，高校外事管理工作还应提高信息管理力度。建议高校创建外事管理数据库，搭建外事信息管理系统。在外籍教师管理方面，高校外事管理部门可以全面记录外聘教师的信息，了解地区文化差异，以提高外教管理的有效性。此外，如果国外信息发生变动，则外事管理部门可以在第一时间掌握并及时调整工作思路，积极应对相关问题。

综上所述，"开展高校外事管理工作具有推动高校教育理念朝着国际化方向发展，调整高校人才培养目标，提高高校教学内容改革质量，赋予教研成果国际性等积极意义"[①]。高等教育国际化进程需合理设置高校外事管理工作目标，找准高校外事管理工作重点，重视高校外事管理工作创新，在深入改革、实事求是、以人为本等原则指引下使高校外事管理工作质量不断提高，以便满足本国高等教育事业的发展需求，继而助推高校新时代教育管理活动稳健发展。

---

① 詹克磊. 高等教育国际化进程中的高校外事管理工作研究 [J]. 经济管理文摘，2020，（7）：192.

第四章　高等教育国际化背景下的教学管理路径

第一节　高等教育国际化背景下的教学模式

一、高等教育国际化背景下的定制化教学模式

（一）高等教育国际化背景下的定制化教学技术

1.学习分析技术

正确分析结果的获得要靠正确操作分析过程来实现。首先要收集学生的学习行为、师生交流互动数据信息、学生基本个人档案信息以及其所处的学习情景，其次根据搜集的数据信息对学生的学习成果进行评估，再次由具体的评估报告发现目前存在的问题及问题严重程度，最后充分利用现有资源制定问题解决方案，保证学生持续、良好的发展。调整教学设计、优化学习成效、分析教学环境是学习分析的主要目的。

对学生学习行为的数据跟踪和测量可以通过学习管理系统（LMS）获得相关数据。学生选择的专业、课程内容，对待学习的态度、偏好，以及

参与讨论、合作、作业等学生个人数据都是十分重要的数据信息。学习管理系统平台中保存着大量很有价值的信息并仍在持续增加中。

教学设计和教学过程不断地产生涵盖多方面的学生学习数据，并且提交给学习管理系统。学习管理平台利用科学手段对这些数据进行分析、优化整合，再将结果反馈给教学过程，以便不断完善以学生发展为主体的教学设计。经过完善之后，新的教学设计运用于教学活动中，从而产生新的教学数据。此学习分析过程循环反复。通过学习管理平台提供的数据以及学习分析技术的灵活运用，教师、学生和教学管理者可以全面、深入地了解教学整体情况，发现教学策略漏洞，并对其进行不断完善，改进并创新教学方法，使教学活动能够更科学、更有效地开展下去。

学习技术分析可以对学生目前的学习状态进行直观呈现，审视学生现行的学习方向和学习办法，评估这样继续发展是否存在风险。一旦发现风险诱因，学习技术分析系统就会给出风险预示。教师或者教学管理者可以及时干预学生的学习过程，从而避免或降低风险产生，保证学生能够顺利毕业。同时，通过收集学生对教师进行的教学评价，教师和教学管理者可以根据反馈结果调整教学设计，有针对性地提高教师的能力。教学设计将以学生的整体学习成效为依据，对收到学习危险提醒的学生提供合理的教学调整方案。

2. 量化自我技术

量化自我，可以理解为主体运用相关技术和设备收集自身某些方面数据，根据自身需要对数据进行分析、研究和汇总等，跟踪反馈自身生理活动、心理动态、健康程度和行为表现等数据。通过可视化、直观量化的数据，主体更加了解自己现在或某时期的状态。

主体通过量化自我可以更深入地了解自我，发现自身的长处和短处，从而促使自己加强学习，提高自身能力，不断完善自我。教学活动中融入量化自我工具以及对应的技术手段后，学生客观的生理数据信息将不再是关注重点，学生学习过程中的相关数据以及外部环境对学生的影响成为关注的重点。教师将这些数据进行整合、综合解析后，就可以深入且全面地掌握每一位学生的情况，从而制定出更具针对性、更切合实际需要的教学方案。

当量化自我技术应用于高等教育国际化定制教学时，学生借助量化结果能够确切知晓自身的优势与不足，从而针对自身不足选择或者制定可以强化自身优势或能弥补自身不足且行之有效的教学设计和教学内容。教师也可以根据学生的量化结果，真实掌握学生的学习能力、学生习惯、学习规律等，从满足学生个性化发展需求出发，制定科学、合理的教学目标，组织提升不同能力的教学活动，充分体现学生在教学中的主体地位。

3. 数据与教育数据挖掘技术

大数据是对海量数据、生成这些数据所需时间以及这些数据的组成结构的概括。大数据主要具备以下特点：

第一，包含无法估量的数据信息量，数据信息保存、数据信息传送和数据信息解析难度提高。

第二，新的数据无时无刻不在出现，因此信息流增长率问题应运而生。

第三，数据的准确性，数据收集、数据加工、数据使用过程是否都符合实际，来自不同方面的数据存在着不同差异、异常数据或烦冗数据等。

第四，以结构化数据和非结构化数据为代表，数据形式丰富多样。

第五，数据核实，审核、查证数据的真实性，同时保证数据分析安全。

第六，产生数据价值，即大数据是否能够为思维创新和原有内容革新提供坚实基础和契机，从而催生更多的价值。

借助大数据技术，高等教育可以通过数据进行决策，决策更加科学、合理。数据可视化呈现技术、数据分析技术、数据采集技术、数据传输技术和数据存储技术为大数据技术的形成和发展提供了强有力的技术支撑，能够起到优化教学、提高学习效率的作用，对高等教育国际化的进程有很大的推进作用。

同时，教学活动可以利用各种网络教学平台融入大数据相关技术，对学习的相关数据信息进行收集，对每个学生的知识结构、兴趣爱好、价值观念、个性特点、学习水平和认知能力等方面进行深入研究，掌握学生真实现状。高校获取更深层次的教育数据，对学生群体特点进行透彻分析，对学生集体学习规律进行准确把握，不仅可以支撑大范围的教学数据和技术运用，还可以更有针对性地开展教学，高等教育国际化的教学效率和教学成效也必将取得更好的突破。除此之外，以往的教学评价方式也必须随着教学的改变而改变。采用多元化基础数据综合评价，科学数据将在一定范围内取代教师的评价主体地位，同时也会为接下来的教学工作提供内容参考。

培养学生良好的个性发展既是高等教育国际化定制化教学的重点，也是教学工作的根本出发点。因此，深层次、全面了解学生的情况具有重要意义。以往学生主要通过教师评价和学生自我评价进行自我认知，这其中就会存在很多人为因素，很容易偏离实际。高校可以采用互联网数据处理技术，将学生各方面的情况数据化，再通过科学的整合分析，获得更加真实、可靠的信息，从而进行更具针对性的教学设计。

（二）高等教育国际化背景下的定制化教学体系

1. 定制化教学的整合内容

高等教育国际化背景下定制化教学整合内容如图 4-1 所示。

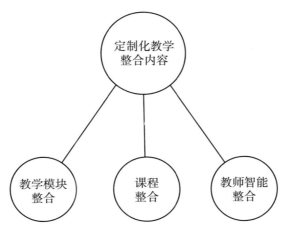

图 4-1　高等教育国际化背景下定制化教学整合内容

（1）教学模块整合

第一，资源整合全球化。飞速发展的互联网信息技术使很多国家都建立了紧密的联系。由于各个国家的教育发展程度不同，对外开放度也不同，因此优秀教育资源的国际交流仍需继续扩大。我国的高等教学与国际高等教育互通有无，不仅拓展了学生获取优质学习资源的途径，还扩宽了学生的知识视野，使其具有更广阔的发展空间，从而培养出更多国际化标准的优质人才。

第二，充分利用社会资源。社会资源主要分布于企业、机构以及其他组织中，其中不乏高等院校教育所需要的优质资源。高等院校和社会企业、机构、组织积极开展互助互惠合作活动，从而实现优质资源共享，双方共赢。企业、机构、组织为高等院校人才培养提供相应的教学、实践资源，高等院校针对社会企业、机构、组织的人才需要培养对应的专业人才，促进双方共同良性发展。

第三，科学、合理地分配教学资源。各种资源在互联网平台上可以实现共享，每个国家和社会机构的资源汇集于网络平台上，通过智能分类、搜索等技术得到优化整合，剔除了无用信息。学生可以在平台上方便、快捷地获取优质教育资源，从而增加资源利用率。

（2）课程整合

为了确保高等院校培养出的人才满足社会发展需要，高等教育国际化定制化教学课程的整合过程，要以协调学生各方关系为重点，例如学生现阶段及未来的学习所需要的知识、专业的理论知识指导、技术能力的实践活动以及社会人才需要动态等。只有协调好各方关系才能成功实现综合型优质人才培养计划。

随着互联网的普及，教学不再局限于线下课堂，越来越多的在线开始活跃起来。某些人受时间和地域的限制不能在线下上课，线上学习就成为其最好的选择。在线课程的内容日益丰富多样。学生获取知识的方式除了课堂学习又多了一种线上学习，这增加了学习空间。以学生个性需求制定的课程也得到了发展。

课程是高等教学活动的关键实现形式。为了培养更多综合素质较好的人才，课程配置开始以能力培养为中心。高校要整合高等教育国际化定制化教学课程，就要打破原有课程结构，根据课程定制设计、开发的需要进行单元划分或者单元组合。只有以提高学生综合素质为前提，按照学生个性制定、设计课程内容，整合教育资源，才能加速高等教育国际化，推动学生全面成长。

（3）教师智能整合

影响教学的因素复杂，教师要加大自身的知识储备，充分发挥能动创新力，灵活应对教学问题。为了适应高速发展的高等教育国际化定制化教学进程，教师必须打破传统教学模式的枷锁，反思教学实践中的各种不足或者缺点，积极思考并且尝试建立新的教学形式，不断提高自身教学能力。每一个受教育的主体都具有很强的独立性和独特性。教师必须能够帮助学生适应全新的学习环境，引领学生透过数据清晰地了解自己，增强学生学习的积极性，充分发挥学生自主学习的能动性。

教师应该具备利用技术指导学生、优化教学的能力。教学实践是教的主要学习方式之一，除此之外，教师要树立终身学习的观念，持续进取，在学习理论知识到参与教学实践再反思的循环过程中树立教育智慧，从而增强面对定制化教学的适应能力。总而言之，与教师智慧的整合，有利于高等教育国际化的内在升华。

2. 定制化教学的设计分析

要想实现高等教育国际化定制化的教学目标和教学任务，教师首先要对教学组织开展系统设计，形成可重组的教学模块，为定制化教学的课程定制提供可能。下面从高等教育国际化定制化教学的资源模块、课程模块、专业选择模块和学生评估模块的设计做具体分析，如图 4-2 所示。

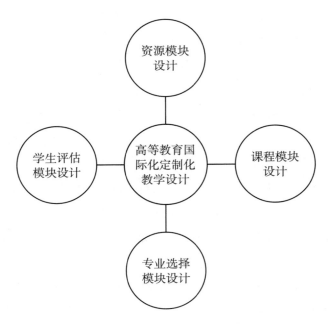

图 4-2 高等教育国际化定制化教学设计

（1）资源模块设计

第一，建立优质资源选择库。得益于发达的计算机信息技术，海量的教育资源可以被科学、有效地优化整合，形成可保存亦可提取的优质知识资源库。学生在资源库内可以自由搜索所需知识，提升自身专业能力。资源库会根据学生的基本情况提供最适合该学生的知识内容，同时教师也会针对学生的实际情况提供学习方案。学生可以根据自己的需求对两者进行选择性吸收，从而促进自身综合素质的健康快速发展。

第二，建立个性化资源选择库。根据个性化特点和个性化需求，学生在吸收知识的同时，建立满足自己喜好的个性知识资源库，并且可以随着心理成长和外部动态因素的影响，对自己的知识资源库进行调整。这个过程不仅便于学生对资源进行选取，还能加速定制化教学的进程，提升学生知识创新的积极性。对于具有不同个性偏好的学生而言，相同的知识能够以不同的呈现形式表现出来，如图片、文本、影音等。

第三，创建资源机构。高校可以通过构建扁平化、网络化的资源系统加速资源整合速度，尽早取得突出教学成果。教育资源具有独特的专业性特点或课程特点。学生建立个体数据资源库时，最好选择与自身数据库专业特点相同且课程特点相同的资源。同一个专业可以开设多个课程，因此课程之间存在着一定的关系。另外，并不是相同的课程只能开设在一个专业中；相反，不同的专业也可以开设相同的课程。专业范围并不是教学资源分配的唯一标准，经过教育资源分散、重组，不同专业间也具有了一定的联系。

（2）课程模块设计

第一，课程单元划分。优化重组后的课程主要分为以下类型：

首先，通识课程。这门课程属于基础性知识教育课，是学生学习其他课程的前期准备，在高等教学中具有举足轻重的作用。在高等教育国际化过程中，学生通过通识课程的学习能够更好地开发自身潜能，发现自身个性优势，为之后的学习打下坚实基础，取得更高的学习成就。

其次，职业课程。培养专业能力、传授专业知识、开展专业授课是高校教学和人才培养的最终目标。职业课程正是实现此项目标的必然渠道，也是高等教育的核心内容。

再次，专业课程。专业课程的最终目标是让学生的能力和社会的发展需求保持一致，能够更加适应社会，能够凭借自己的专业素养和专业能力在社会上立足，这也是培养学生实践能力的重要内容。

最后，多学科整合型课程。高等教育国际化背景下高校定制化教学更注重多学科整合型课程的建设和开展，多学科整合新课程以互联网技术为基础，将不同专业学科的内容整合到一起，以学生个性的发展为主导，提升学生的整体学习能力。

第二，课程与学业体制。课程主要分为必修课程和选修课程，这样做不仅能够准确把握课程设置，而且学生多了一种选择权利。每个学生的基础能力、个性特点、学习时间都存在差异，有了选择的权利后学生就可以根据自身实际情况合理安排学习课程计划。在积累了大量理论基础知识后，学生可以进行新的课程学习，实现能力的快速提升。高校应该根据课程的独特性设置不同的学分要求。学分高低不仅体现课程的重要性，还是学生选择课程的重要参考。由于课程的选择时间是不固定的，学分作为学生学业完成情况的评判标准，可以让学生拥有更多的选择机会，加速课程定制化。

第三，课内外相结合的课程形式。在定制化教学模式下，学生不只从课堂教学中获得知识，在课外学习中也能获得更多的专业理论知识。课外时间对于学生而言非常重要。在课外时间中，学生不但可以锤炼已习得的理论知识，增强自身能力；还能遇到更多发展机遇，强化综合能力。

（3）专业选择模块设计

专业是指某个学科门类依据社会行业类别和学科系统需求，将学科划分成不同的门类。高等院校的突出特点就是按照专业开展教学。学生要先选择好自己的专业，才能接受专业理论知识学习。在高等教育国际化模式下，学生对高等院校专业拥有充分的自主选择权。作为引领者，教师可以凭借丰富阅历和教学经验，帮助学生分析不同专业的优点和缺点。学生可以结合教师的指导，再结合自己的实际需求，自主选择适合自己的专业。

在做专业选择决定之前，教师的指导不能只局限于对专业的内容和未来发展的分析，还要引导学生清楚认识到自己的优势和不足，从而使学生能够选择对自身能力提高最有力的专业。同时，整个决定过程包括教师做的专业分析、学生的自身认知以及师生之间的沟通交流，这些都将记录于系统中。这些信息对建立学生个体学习体系具有一定的补充作用，可以在以后的教学活动中作为一种信息参考。

高等教育国际化定制化教学模式中的专业选择时间没有明确的统一规定。学生不但可以自主选择专业，还能自由选择专业时间。学生在结合互联网教育平台的专业介绍、自己的志趣和理念、专业时间等因素综合考虑后才能慎重地做出专业决定。此时，学生可以对自己的学业生涯做出更适当的长期规划。学生在自己的整个学习生涯中占有绝对的主体地位。另外，高校应该为学生创造更多的选择机会，使其能在一定范围内实现多次选择，更加明确选择倾向，同时满足不同的专业选择需要。

（4）学生评估模块设计

以学生为主导是高等教育国际化定制化教学的最鲜明的特点。依据以往定制化教学实际施行的经验，大部分学生都会遇到自我认识不足、不准确的问题，因此教师要结合多元智力理论，利用发达的互联网技术，最大限度地掌握每个学生的个性优势和智能优势，再有针对性地对每个学生做出科学评估。

快速发展的现代计算机技术，尤其是数据挖掘技术和数据分析技术都能够极大地帮助教师对学生的内在知识体系进行深层了解，归纳学生各方面的个体差异，并将其数据化、量化处理形成学生个体信息库。这个信息库涵盖学生的基本信息、个性特点、兴趣偏好、思想观念、认知结构、思维方式等。

教师要根据自身的人生阅历和教学经验，结合个体信息库，对学生进行经验性分析和预判。教育有两大内涵：一是教学内容具有一定的价值和意义；二是帮助学生树立正确的思想观点，同时奠定坚不可破的力量基础。教师要了解学生的个性特点，同时针对不同学生的不同个性，制定与之相适应的教学内容，从而更有力地推动学生的成长和发展；着眼于学生长期的学习生涯规划，将基于教师多年教学实践经验得出的经验评估与数据化的科学评估相结合，推行定制化教学，进一步助力学生发展。

二、高等教育国际化背景下的信息化教学模式

（一）高等教育国际化背景下信息化教学模式的目标

高等教育国际化进程信息化建设是一个包含很多特征的复杂系统，覆盖、融合和渗透的范围非常广，其中包括了很多的环节，不仅涉及教育教学，还涉及管理。从该系统的自身建设可以看出，它不是普通教学手段、基础技术和教学方法的应用，而是在技术人才队伍、信息资源、保障体系和应用系统的基础之上将影响系统内部发展的因素剔除，从而让教育工作有更

高的效率，并扩大现代化素质教育的成果。此外，教育信息化还可以推动教育领域的深入改革，理念上的创新可以加速教学工作的创新。高等教育国际化进程信息化建设的目的在于构建具有中国特色的新型教育信息化系统，从而实现教育的改革和创新。高等教育国际化信息化教学模式建设有以下要实现的目标，如图4-3所示。

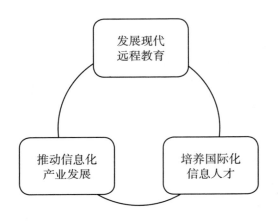

图4-3 高等教育国际化背景下的信息化教学模式建设目标

1. 发展现代远程教育

现代远程教育是一种全新的教育方式，以现代计算机技术和信息技术为基础，不同于传统的教育方式，更符合时代的要求。现代远程教育能够将海量的教育资源进行整合，为学习者提供了一个平台，能够激发他们学习的兴趣，使他们树立终身学习的理念。在21世纪，科技的快速进步和发展让社会分工更加细化，各种工作岗位也提出了更高的要求。这就意味着人们不能停下学习的脚步，要不断地扩大自己的知识面，提高自己的专业能力，从而不断地发展，创造出更高的职业价值，获得更好的物质生活和精神生活。

2. 培养国际化信息人才

培养国际化人才的目的在于增强企业的国际竞争力，因此，国际化人才的培养主要应体现出视野广阔、创新性强、信息敏感度高等特点。从培养信息化人才的角度看，通过教育信息化培养出的人才不仅要有良好的信息化意识，还要了解和掌握信息化操作和管理的方法。一方面，这能够让就业者具备良好的素质，增加其就业竞争力；另一方面，这也是社会对人才培养提出的新要求。只有社会各界通力合作，才能培养出更多的复合型人才和信息化专项型人才。

3. 推动信息化产业发展

在知识经济中，其主体是脑力劳动，其基础是知识。知识经济不可或缺的一项资源就是高素质的人才。知识经济模式下出现了一种全新的商业运营方式，即通过知识进行变现，这让信息实现了产业化发展。高等院校也利用自身优势加入信息产业化发展的大军中。例如，很多高等院校都有一支属于自己的科研队伍，他们不仅有专利发明，还取得了很多学术上的成果；其海外合作经验丰富，研究视野广阔。学界和业界之间的合作达到了双赢。正是因为有了这些利好因素，信息产业的快速发展得以加速，使其为社会做出了贡献。

（二）高等教育国际化背景下的信息化教学模式管理

教学管理针对教学的全过程，是指在科学的管理原则指导下运用科学的管理方法规范教学活动，使其遵循客观的运行规律开展活动。教学管理有利于提高教育者的主动性，并调动学习者的积极性，实现教学目标的最大化。具体而言，教学管理有宏观和微观之分。宏观的教学管理除包括学校内部的管理外，还包括以教育局为代表的政府行政部门对学校和其他教学组织的管理；微观的教学管理即狭义的教学管理，是指学校内的一般教学管理。高等教育国际化进程中的信息化教学模式要求教学工作应突出教学，因此，各种教育管理中必须要体现出信息化教学管理。高等教育国际化背景下的信息化教学模式的管理内容如图 4-4 所示。

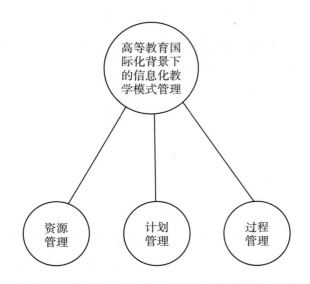

图 4-4　高等教育国际化背景下的信息化教学模式管理

1.信息化教学模式的资源管理

（1）人力资源管理

在信息化教学形态的各种要素中，最为积极和活跃的因素就是人力资源。人力资源管理要求科学管理、合理配置、合理补充人力资源，同时团队要具有合作意识，这是加速高等教育国际化进程信息化教学的前提。

（2）信息资源管理

音像资料、教材和数字资源等都属于信息资源。在进行信息化教学时，不少信息资源都以数字形态出现，所以，信息的输入与输出是管理教育信息资源时必须要重视的事项，要充分地利用各项资源，同时构建数据备份系统，能够自动地搜索、保存和处理数字信息，建立管理支持平台，既要保证资源的高效利用，又要保证资源的有效利用。

（3）环境资源管理

环境资源指的是计算机与网络、一般器材、专用房室和音像设备等所有的信息化载体，可以为学习活动提供强有力的支持。学习资源中心、微格教室、数字化图书馆、语言实验室、多媒体教室、电子阅览室、网络教室等属于教育环境资源。合理地利用、规划和配置这些信息技术载体，就是环境资源管理。

（4）时间资源管理

在进行信息化教育时，一方面，管理者要合理地规划时间，不浪费一分一秒；另一方面，还要让学习者学会珍惜时间，加强对时间的利用，拥有更高的学习效率。

（5）教学资源开发项目管理

项目管理将管理思想和技术融为一体，在开发项目资源的过程中要使用科学的手段。它是从软件工程的管理原理中衍生出来的，除了具有阶段性的特征，还有着十分明显的生命周期。通常情况下，项目的任务都是一次性的，有着明确的目标。教学资源开发项目管理的目的是要在有限的时间、人力、财力和物力下对项目人员进行合理的分配，然后通过相关报表和制度规范有序地开展项目，进而高质量地完成资源开发项目的全部目标。

（6）信息化科学研究管理

教育和学习的方式会随着信息化教育的发展而得到彻底的改变，随之发生变化的还有人类的知识观、学习观、知识质量观、教育观和知识数量观等，人们不再只通过学校获得知识，学习也不会再受到时空的限制。在面对新的教育形式时，如何快速地调整心态并正确地进行认识，是信息化教育工作者的研究重点。研究过程非常复杂，在短时间内无法完成，需要信息化教育工作者进行非常有效的管理。

（7）知识管理

转化不同的信息使其成为知识并与人联系起来指的就是知识管理。为了最大限度地生产和利用知识，规范管理知识必不可少。识别、开发、获取、分解、利用和存储知识都属于知识管理的范畴。如果将知识管理放在教育领域，那么它指的就是转化不同的资源，使之成为各种各样的知识，同时管理、利用和共享这些知识。

2. 信息化教学模式的计划管理

在学校的整个工作计划中，教学工作计划是不可缺少的一部分。教学工作计划要按照国家要求对教学工作进行规划，设计针对学习者的培养计划，同时还要完成对高等教育国际化教学的建设。要想顺利开展教学工作、提高教学绩效、实现教学目标，就必须进行教学工作计划管理。教学工作计划的管理指的是在教学过程中要严格按照学校的计划实施，分步完成教学工作，对实施计划、调节控制、检查评价和总结提高等不同的环节进行管理。

高等教育国际化教学计划不仅包含了指导性教学计划，还包含了实施性教学计划。指导性教学计划（即教学计划）都是由国家制定的，高校要按照该教学计划完成课程教学工作。教学计划不仅是高校开展教育教学活动的依据，还展现了国家在教学工作中的决心。管理教学计划，就是要设计、指导和监控将来的整个教学工作和教学过程，最大限度地完成所有教学活动，并且取得良好的效果。

实施性教学计划指的是高校要从自身的真实情况出发，同时按照指导性教学计划完成对教学计划的制订。高校在组织、指导和实施教学工作时需要依托于实施性教学计划。实施教学计划过程的管理，一要依靠国家行政管理部门完成对教学计划的制订，编写基本的大纲和教学教科书；二要依靠具体高校的管理者和教师，由他们具体落实相关部门所制订的教学计划。

就高校校长而言，其主要是对教学工作进行管理，以落实具体的教学计划。高校校长要想有效地管理和指导高校的教学工作，不仅要对大纲有进一步的理解，还要熟知国家提出的课程计划。在此基础上，高校校长还应该充分结合本校的实际情况，在国家层面的课程计划的指导下制定具体的教学体系，将宏观的课程计划与具体的教学实践相结合。

就学校教导主任而言，其主要工作是协助高校校长落实学校的相关教学任务，还要领导学校的教研和教学活动。因此，教导主任也必须对国家层面的课程计划和大纲要求进行充分的学习，对不同学科提出的教学要求进行了解，从而有针对性地指导高校的教研和教学工作。在通常情况下，各个教研组每年都要在教导主任的安排下制订包括基本精神、基本要求、主要项目、地点、时间、工作负责人等在内的教学研究计划。

主导教学过程的是教育者，管理者在管理教学过程的同时还要管理教育者。教育者要严格按照教学大纲制订教学计划，同时还要熟悉教材内容，掌握学习者真实的学习情况，不断探索和创新教学方法和手段。教育者应引导学习者制订相关学习计划，让学习者逐步提升学习能力。此外，教育者还要按照相应的标准对学习者进行公平、公正的评价。

3. 信息化教学模式的过程管理

备课、课堂教学、布置作业、辅导、考试和成绩评定等都是教学过程管理不可缺少的环节。此外，教学过程管理还要对实验课、社会调查、课堂讨论、习题课、教育与生产实习、自学指导、毕业论文与设计等进行管理。为了保证教学质量，教学管理者要严格把控教学中的所有环节，并对所有环节进行积极的管理。

（1）教育者备课环节的管理

在通常情况下，备课形式有两种，即个人备课和集体备课。在教育者备课的过程中，教学管理者要注意以下几个方面：

第一，教学管理者向全体教育者提出备课要求。教育者应对教学的计划、大纲和内容了如指掌，对教材有充分的研究，知道教学的目标；了解学习者真实的学习情况，有针对性地开展教学，让学习者可以积极、主动地投入学习中去；灵活选择不同的教学方法，以便提高学习者的学习兴趣。

第二，在备课过程中，教学管理者要提高教育者的创造能力，让教育者制订出不同的课程计划。

第三，为教育者营造一个良好的备课环境，提高教育者的备课质量。

（2）课堂教学环节的管理

课堂教学除了要保证良好的教学效果，还要完成教学任务，一方面，教学管理者要营造和谐的上课氛围，包括课堂纪律、教室清洁卫生、课堂组织形式、教室管理办法、多媒体使用和教室日志填写等；另一方面，搞好课堂听课也是教学管理的一部分。听课分为两种：一种是随时听课，教学管理者通过这种听课方式可以对教育者日常的教学情况有所了解；另一种则是有计划的听课，这种听课一般都是有目的的，例如，有的是为了找出教育者在教学风格上体现出的差异，有的是为了测试教学方法取得的不同效果，有的是为了传播教学经验，有的是为了让青年教育者不断完善和改进教学。观摩课是最常用的听课方式。

完成听课之后，教学管理者要与任课教师进行交流和探讨，不仅要表扬和肯定任课教师在教学上的可取之处，还要指出他的不足，并且提出相应的改进方式。在观摩课结束之后要立即开展教学评议活动。在此过程中，教学管理者要以教学效果为切入点，分析教学内容、教学手段和教学目标，并给予相应的建议，要本着民主的原则保留不同的意见，若是有无法得出结论的问题，可以进行进一步的探索。

（3）作业的布置与批改环节的管理

作业的布置与批改不仅能够检验教学效果，还可以让课堂教学得到延续。教育者布置的作业不宜过多，过多的作业会增加学习者的负担。教育者要认真批改学习者提交的作业，这样才能从中发现问题，从而完善和改进教学方式。

（4）辅导与单元复习环节的管理

辅导可以落实因材施教原则，补充上课内容。教育者要根据学习者的真实情况有针对性地进行辅导，而不是重新讲授课堂内容。在完成阶段性的教学之后，教育者要进行单元复习，让学习者巩固所学知识，并且对知识进行建构，从而找到最适合自己的学习方法。辅导与单元复习环节能够让教学管理者对教学效果进行检验。

（5）考试与成绩评定环节的管理

考查和考试能够帮助教学管理者了解学习者的学习成绩。答疑、提问和书面练习等都能够帮助教育者在课堂上考查学习者的学习情况。在期中和期末，教育者可以通过考试对学习者进行检验。而教学管理者不仅要对学习者进行日常的考查，还要安排好考试的科目、方法、命题、日期和考场纪律等，提出成绩评定的标准，完成试卷批阅工作，同时还要保证公平和公正，这样才能将学习者的学习情况如实地体现出来。为了提高师生教学的积极性，不能按照分数排名次，在衡量教学效果时也不能只看分数，要综合考量。

（6）反思

反思是指个体积极监控、评价、修正自身思维的过程。教学反思其实就是"反思性教学"，即教育者在开展教育教学工作时要借助观察、诊断、回顾和自我监控等不同方式来找到自己和他人之间的差距，反思自己的教学行为，并且及时地改正，从而优化教学效果，不断培养自身的教学素养。教学理论因为反思性教学得到了快速的发展，而这也对教育者专业素质发展提出了更高的要求。

第二节　高等教育国际化背景下的教学管理改革

一、高等教育教学管理体制改革的理论支撑

高校教学管理主要指教师和教学管理者根据教学的基本规律和特征，科学地制定教学管理各方面的规章制度，采用切实可行的管理手段，有计划、有组织地实施教学活动的整个过程。高校教学管理涵盖了教学的各个环节，一所高校的教风、学风、校风以及教学的主体、教学内容、教学环境等都包括其中，是一所学校教学活动顺利实施的前提和基础。一所拥有先进教学理念的高水平高等院校，必然有着高效的、人性化的教学管理机制。

（一）高等教育管理体制改革的理论依据

1. 人力资本理论

管理作为人类特殊的实践活动，起源于人类社会成员劳动的集体性、组织性和社会活动过程中相互协调的必要性，引导个人的个体活动服从于组织制定的共同目标。显然，组织是管理的载体，管理归根结底是对人的管理。人是管理的主体，也是管理的客体，管理的核心问题是人的管理。管理活动的最核心内容是如何约束人的行为以及激励人的积极性和创造性，从而为组织创造最大的效益。人力资源管理理论作为在企业管理实践中证明了的人才管理理论，其基本思想对今天的高校管理体制改革同样具有指导意义。

高校人力资本管理是高校管理的重要的方面，是指通过制定并实施一定的规则，形成激励和约束机制，促进组织内部人力资本使用效率最大化，进而实现人力资本与知识和技术创新产品价值最大化目标的活动和过程。合理选用和配置高校人力资本，需要高校管理者先转变观念，按市场经济运行规则运作，才能取得最佳效果。在实际运作中，还需建立有效的质量与效率评价制度及交叉配置制度。同时，高校的人力资本的管理工作性质具有高度的复杂性，既难以量化，又难以评定价值，更难以衡量劳动的效率，因此，建立有效的质量和效果评价制度是非常必要的，也是高校提高人力资本管理质量的必要条件。

2. 委托代理理论

委托代理理论是契约理论最重要的发展之一，其中心任务是研究在利益相冲突和信息不对称的环境下，委托人如何设计最优契约激励代理人。"高等学校属于准公共产品，既有一般意义上委托代理关系所具有的特点，又存在着其他委托代理关系所不具有的特殊属性。高校管理体制改革可借鉴和运用委托代理理论的一般分析方法和一般分析框架，坚持权、责、利相统一，最大限度地调动代理人的积极性，在发挥其主观能动性的同时，又能保证其行为目标与委托人的要求相一致，从而促进高校管理体制的创新。"[①] 我国高校管理中存在着两组相互联系的委托代理关系：一种是上级教育行政部门与高校之间存在信息不对称，高校随着改革的进行产生了独立的利益，高校作为上级的代理人与上级利益不相一致；另一种是高校内部上级与下级之间存在着委托代理关系，高校作为上级是委托人，下级是代理人。

我国高校管理体制改革的核心是，在充分给予办学主体自主权的同时，对其实施有效的监督和约束，以实现办学效益的最大化。这面临两个方面的矛盾：一是给办学主体充分的主权是必要的，可以带来效率的提高，但与此同时也可能带来制约的失控；二是对办学主体进行监督和控制是必要的，但使这种监督和控制可能会带有强烈的行政色彩，产生过多的干预，而带来效益的下降。为了缓解这两种矛盾，人们可以借鉴并运用委托代理理论的一般分析方法和一般分析框架，坚持权、责、利相统一，最大限度地调动代理人的积极性，在发挥其主观能动性的同时，又保证其行为目标与委托人的要求相一致。

3. 科层管理理论

科层管理理论是关于权力要依据职能和职位进行分工和分层，以规则为管理主体的组织体系和管理方式的理论。作为一种管理方式，科层管理理论由于其特有的技术性、理性等特点，对于行政管理组织效率的提高具有重要的意义，为现代社会的组织管理提供了有效的工具。高校作为社会系统中的组织，不可避免地受到了这种理论的影响。科层管理理论所倡导的效率原则、分工原则和制度原则都为高校管理体制改革提供了积极的借鉴价值。高校作为社会系统中的正式组织，其管理采用科层制具有天然的

---

① 刘振海，谢德胜.终身教育视域下我国高等教育管理体制研究 [M].沈阳：辽宁教育出版社，2018：20.

合理性。同时，高校管理体制改革的主要任务之一就是要使行政事务从学术、教学中分离出来，这也需要科层管理理论作为理论支撑。

（1）科层理论的效率原则与高校管理体制改革的目标相统一

科层理论认为，高校教育过程具有理性，应以有效的方式恰当地使用高校的人力和物力资源，使有限的教育资源产生最大的效益。高校实行科层管理的目的是追求效率和合理化。

（2）科层理论的分工原则与高校管理体制改革的根本任务相一致

高校管理体制改革的根本任务是在高校内部建立层次不同、分工不同的岗位，以构成学校内部严格的层级节制系统，形成以职权、职位作为组织内部的控制与被控制关系的原则，进而取代传统组织中以裙带关系作为控制关系的原则，使学校管理更具合理性。

（3）科层理论重视规章制度的理念与高校管理体制改革的基本思想相协调

强化规章制度管理的作用是科层管理的一个重要特征。规章制度的制定使学校管理更加制度化、秩序化和科学化，并以规章制度的形式明确下来，使高校内的各项工作有法可依，有章可循。因此，建立科层制的高校管理组织，有利于排除领导者的个人影响，使高校以完善的制度作为组织运作的最高法则，朝着良性的方向发展。

4.绩效管理理论

绩效管理对于组织的发展和成功具有重要意义，对于计划、组织、领导、控制、创新等各种管理职能的实现具有重要的引导和推动作用，对于明确组织目标、营造组织文化、形成组织的核心竞争力、调动员工的工作积极性、激发成员的创造性、发挥组织的团队精神等各个方面都具有引发、引导、刺激、推动和促进作用。随着公共部门改革进程的拓展和深入，绩效管理在高等教育领域得到了普遍的适用。高校引入了绩效管理，有利于提高综合管理水平和办学效益，有利于促进高校管理者与教师的交流沟通。

高校的绩效管理注重教职员工的个人成长，体现了以人为本的精神。

绩效管理注重的是学校的整体效率和效益，这正是实现学校的可持续发展和协调发展的关键所在。在高校管理体制改革中，人事制度改革是一个关键的环节，其中集中体现了绩效管理理论的思想。人事制度改革的目的是提高学校的整体效率，提高办学的效益，同时，实现教职员工的不断进步和成长。

应用绩效管理理论对高校教师进行绩效管理具有重要的实践意义，这是提高高校的员工绩效和组织绩效的最有效方式，也是确保高校人事制度改革成功的关键。高校教师绩效管理是把国家对师资的要求具体化、行为化、指标化，制定科学的教师绩效评价指标体系；评价者根据指标体系统地收集资料，对影响教师工作质量和水平的各种有效性行为因素进行价值判断和有效的控制，以达到预期的目标。因此，高校教师绩效评价的意义不仅在于明确是非、区分工作的优劣程度，更重要的是分析问题、找出原因、做出选择，对于教育实践活动予以指导并加以控制和调整，寻找改善教育教学工作行为的途径，推进高校人事制度改革的进程。

（二）高等教育教学管理体制的改革要求

在创新人才培养对教学管理体制的要求下，高等教育教学管理体制的改革需要从以下方面入手，如图 4-5 所示。

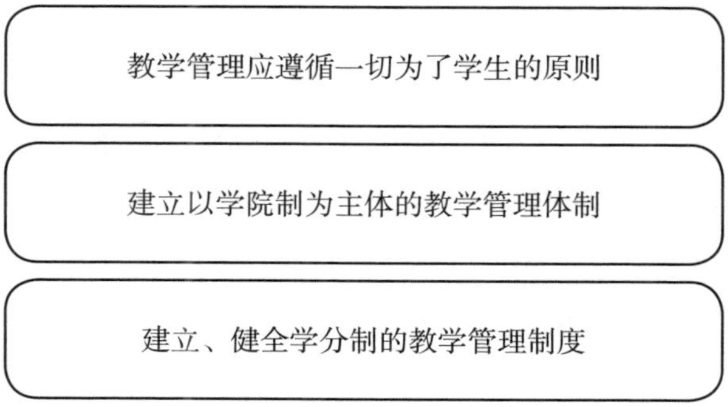

教学管理应遵循一切为了学生的原则

建立以学院制为主体的教学管理体制

建立、健全学分制的教学管理制度

图 4-5 高等教育教学管理体制的改革

1. 教学管理应遵循一切为了学生的原则

在高校培养专门人才、发展科学、直接为社会服务的三项基本职能中，人才培养始终是最基本、最重要的职能。教学管理的主体是学生，教学管理工作应该本着一切为了学生的原则进行，突出"以生为先"的教学管理思想。尊重学生知情权、选择权、参与权等自主权，目的是为学生自主学习、自我管理、自由发展提供必备条件，从而培养学生具备自我构建智能结构的能力，使其成为具有创新精神和创新能力的人才。

2. 建立以学院制为主体的教学管理体制

"建立以学院制为主体的教学管理体制，首先要根据学校学科专业发展的实际及其要求设置学院。设置学院后，注意校、院（系）两级管理体制在职、责、权的划分，院（系）管理自主权的扩大，以及学校对院（系）教学管理的重视三个方面的问题。"[①] 我国高校的学院要建设成为大学的人才培养、学科建设、科学研究和管理指挥中心，校、院（系）两级必须遵循职、责、权相统一的原则。高校的校级领导和各职能部门必须改原先的过程管理为目标管理，减少对教学、科研等具体工作的干预。

校、院（系）两级教学管理体制要做到职、责、权一致，院（系）所拥有的职责和权力必须相称。学校应将教学管理的权力适当下放，如培养方案的制定与实施、专业的设置与调整、教学经费的管理与使用、组织人事管理、自主配置资源、内部机构设置、实践实验基地管理、对外合作交流等，以扩大院（系）管理自主权，提高管理效率和办学效益，更好地履行大学为社会培养人才的职责。此外，学校重视院（系）的教学管理工作，可从保障教学经费有效投入、开展教学管理的研究和提高教学管理人员素质等方面着手。

---

① 刘振海，谢德胜. 终身教育视域下我国高等教育管理体制研究 [M]. 沈阳：辽宁教育出版社，2018：149.

3. 建立、健全学分制的教学管理制度

高校可以从选课制、导师制、弹性学制和三学期制等方面建立、健全学分制教学管理制度，并发挥学生的自主性、尊重学生的差异性、调动学生的积极性和培养学生的全面性，最终帮助学生养成良好的思维习惯、构建合理的知识结构。

（1）完善选课制，发挥学生的自主性

选课制是学分制教学管理的基础，允许学生在学校规定的范围内自由选择专业方向、课程、教师、上课时间，并自主安排学习进程。如何设置选修课程，如何安排选修课的比例，学生能有多大的选课自主权等，已成为研讨学分制教学管理相关问题的焦点。选课制主要从增加选修课数量、提高选修课质量、加强选课的管理和指导三个方面进行完善，不仅为学生提供了大量高质量的选修课程，而且为培养具有创造性才能的学生奠定了坚实的知识基础。

（2）完善导师制，尊重学生的差异性

导师制是成功实施学分制的关键。实行导师制的目标就是发展学生个性，通过为学生制定个性发展策略，跟踪学术需求，从而提高学生学习的积极性和持久性，达到提高教学质量的目的。为了方便导师工作的组织和管理，学校应建立指导教师委员会，各院（系）则应建立指导教师工作组。导师除了担负一定量的教学和科研任务外，还要了解学生的学习情况、选课情况和成绩情况，解决学生在学习方法和专业知识等方面的问题。同时，导师要通过言传身教和人格魅力的感染，对学生进行潜移默化的思想教育。高校可实行班主任与导师相结合的班级导师制。实行导师制可以培养学生的独立思考能力，不仅有助于学生完成学业，还有助于培养学生的其他能力。

（3）实行弹性学制，调动学生的积极性

弹性学制是以学分制为基础的教学管理制度。学生只要修满了学校规定的学分，就可以被允许提前毕业，也允许家庭经济困难或有志创业的学

生中途停学工作或创业，从而延长了学习年限。为此，高校应建立灵活的弹性学制，以改变现行学籍管理制度对学分制的影响，从而调动学生的学习积极性。例如，对于学有余力，在规定学制范围内选择辅修专业的学生，如果其未能达到该专业的全部要求，但已修合格的课程应可作为其主修专业的选修课学分，满足了学生的学习兴趣，激发了学生的学习积极性。

二、高等教育国际化背景下教学管理创新策略

高等教育国际化有力地促进了我国高等教育的办学水平和教学质量的提高，使我国高等教育实现了跨越式发展。但是，高等教育国际化在给我国高等教育带来发展机遇的同时，也使我国高等教育面临着较大的外在竞争压力和挑战。高校要实现与国际高等教育的有效接轨，顺利实现我国高等教育的国际化，就必须创新和改革高校教学管理体制。"要全面实现我国高等教育的国际化，必须树立国际化的教育管理理念，对现行的教学管理模式、人才培养模式、课程设置、教学内容进行全方位的国际化改革，提高教学质量，培养适应经济全球化的国际型优秀人才，大力推进我国高等教育国际化的进程"[①]。

（一）积极构筑国际化人才培养模式

要真正实现我国高等教育的国际化，就必须彻底变革高校传统的人才培养模式，以培养国际化的优秀人才为导向，对培养目标、培养方式进行全方位的改革，构建与国际化接轨的人才培养体系。培养国际化的人才是高等教育国际化的最重要的目标之一，世界上许多著名高校在实现国际化的过程中，都把培养国际化的人才列入培养目标。在高等教育国际化的过程中，我国高校要以国际市场人才需求为导向，以人才质量为中心，主动

---

① 赵国霞，李山东. 高等教育国际化背景下高校教学管理体制的改革与创新 [J]. 管理观察，2009（33）：132.

适应经济全球化的人才市场机制，大力改革传统的人才培养模式，要把培养具有国际观念、国际意识、国际交往能力、国际就业能力的国际型人才作为一个重要内容列入培养目标。同时，高校人才培养方式以"宽基础、宽专业"为导向，大力实施通才教育，借鉴西方创新性的教学方法和教学手段，采取多样化、民主化的教育方式，运用研究型、启发式、探讨式教学方式，突出学生在学习中的主体地位，培养学生的发散性思维和创造性思维，增强学生的学习能力和创新力。

在高等教育国际化背景下，高校的教学需要构建综合性与国际化课程，实现人文教育和科学教育的有机融合，强化学生的基础知识和综合知识教育，着重培养学生的综合素质，以适应国际社会对复合型人才的需求。课程的设置要面向全球，体现出国际化的特点，不仅要开设专门的国际教育课程，还要开设注重国际主题的新课程，例如，开设国际金融、国际法律、国际贸易、国际管理和外语课程等，全面培养拥有国际知识、国际交流能力和国际就业能力的国际化复合型人才。

（二）打造高素质国际化教学管理队伍

随着高等教育国际化的不断深入，国际间的交流和合作更加频繁，外籍教师和留学生数量不断增多，课程的国际化程度不断加大，高校教学管理的国际化要求也不断增强。因此，必须紧紧围绕教育管理国际化的目标来加强高校教育管理队伍建设。高校教学管理队伍要强化国际意识、树立国际化教育理念、开阔国际视野、增强国际交流能力，以适应高等教育国际化对教学管理水平不断提高的需要。高校要定期选派教学管理人员出国深造、进修，学习国外先进的管理经验，掌握国际化教育管理思想和世界前沿的先进管理理论。培养具有国际意识和国际背景的教育管理人才，这是我国高等教育管理实现国际化的基础。同时，我国高校要适当引进国外优秀的教学管理人才，充实教学管理队伍，引进的人才直接参与教学管理，从而不断提高我国高校教学管理队伍的国际化管理水平，全面实现我国高等教育管理的科学化、规范化和国际化。

第三节 高等教育国际化背景下的教学管理优化路径

随着高等教育的国际化、大众化，高校的教学管理模式的革新变得越来越刻不容缓。如何优化教学管理模式，成为高等教育研究的一项重要课题。"高等教育国际化是当代社会高速发展下必然的趋势，也是教育与世界接轨以及进行国际合作与交流的重要途径。在时代潮流的影响下，高等教育国际化给高校教学管理既提供着有利的机遇，也提出了严峻的挑战"①。高等教育国际化背景下教学管理优化，可以从以下方面着手，如图4-6所示。

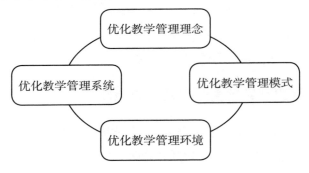

图4-6 高等教育国际化背景下教学管理优化路径

一、优化教学管理理念

教学管理是一项综合性很强的工作，尤其是人本化管理的实施，更是充分研究"人"的学问，需要一支高素质的教学管理队伍才能够胜任。在教学管理过程中，教学管理者应树立以人为本的服务理念。教学管理不是

---

① 俞师，韦霄燕.高等教育国际化背景下高校教学管理存在问题及解决的优化路径研究 [J].学术论坛，2014，37（8）：171.

简单的行政官员行使指挥权，而是教学管理者为广大师生服务，使教学过程更加简化、更加顺利。教学管理者要做好教学管理，必须创新管理理念：

第一，教学管理者要摆正位置，端正工作态度。在教学管理工作中，去行政化，简化审批、请示等程序，提高管理素质，以良好的心态和高效的办事方式迎接前来办事的学生和教师。

第二，教学管理者要加强业务学习。教学管理工作既涉及基本的计算机应用、常用的软件等，也涉及课程的合理安排，考试的协调以及教务、教材等方面，教学管理者应加强学习，在充分熟悉了解的基础上才能科学、合理地对教学事务进行宏观的指导和协调。

第三，加强教学管理者的合作意识和团队意识。教学管理活动既是教务部门内部共同努力完成的工作，也关系到各二级学院、教研室，团队成员发挥团队协作精神。总而言之，在教学管理工作中，只有教学管理者团结、合作，才能保证教学任务顺利、高效地完成。

二、优化教学管理模式

（一）从管理理念和思想上进行改革和创新

反思教学管理过程中的不顺畅和效率低下的根源所在，认识到落后、不科学的管理理念必然形成陈旧的管理体系。

（二）在管理模式上进行科学条理化

随着高校的扩招，高等教育更加大众化和国际化，传统集权方式的管理模式已经不适应高校的发展。高校需要走放权、分权、改革的创新之路，改变传统的二级管理模式，赋予二级学院和教研室一定的自由度，实行学校、二级学院、教研室三级管理模式。高校负责宏观的管理和方向的引导，在目标、路线、重要方针政策方面给予指导，对学院和教研室的工作起到了督促作用。二级学院和教研室是教学活动具体的实施和执行部门，它们在具体工作时需要有一定的自由空间和比较大的活动范围。如果学校干涉过多，二级学院和教研室在处理日常事务时就难以展开拳脚，必然会影响常规工作的顺利展开，更不用提及改革和创新。因此，应充分发挥二级学院和教研室的主观能动性，激发工作人员的积极性，厘清工作职责，简化管理程序，处理好宏观与微观的关系。

（三）需要营造良好的工作氛围

集权式的教学管理模式导致教学管理的事务需要请示审批，容易滋生官僚主义和形式主义，具体表现为集权式的管理层较少深入第一线，难以及时发现问题，易于使工作效率低下，进而导致工作运转周期长等状况。相反，学院和教研室直接深入教学第一线，更容易发现教学过程中存在的问题，从而也更易于分析和解决问题。在这一过程中，学院和教研室成员不断地发现、反思、反馈，通过民主讨论，集思广益，提出改进措施，学校则在宏观层面给予指导和调整，有利于推动教学管理的不断创新，促进教学改革的良性持续发展。

三、优化教学管理环境

教学质量是一所学校的生命线。教学管理者是教学质量水平的监督者和检测者，对教学起着宏观上的调控作用。然而，在一些高校的高等教育中，教学的地位远不如科研，而教学管理者基本上属于高校的边缘人，地位低，发展前途渺茫。对于教学管理人员而言，在职称评定方面非常艰难，基本看不到未来，这也是教学管理队伍不稳定、流动性大的原因。

要提高教学管理的水平，一支稳定、团结、具有凝聚力的团队是最基本的条件。对此，高校应优化管理环境，具体包括：

（一）优化工作环境

高校要吸引人才，就应优化工作环境和制度，出台一系列鼓励和支持政策，针对晋升、评定职称制定相应政策，使教学岗位具有一定的吸引力，保持教学队伍的活力。

（二）优化管理队伍

从发展战略角度看，高校应有一支基本骨干队伍。因此，高校在招聘人才时应明确目标，明晰岗位职责，招聘爱岗敬业、热爱教育管理的人员，让他们在岗位上乐于工作。高校要坚持采用"培养与引进相结合，以培养为主；专职与兼职相结合，以专职为主；有限聘用与长期聘用相结合，以有限聘用为主"的师资队伍建设三原则。

（三）提高管理人员素质

高校要加强对教学管理者的培养，分期分批实行以深化专业知识和完善知识结构为重点的青年教学管理者的全员培训计划，积极鼓励教学管理者攻读在职研究生学位，加大招聘校外教学管理者的比例，改革队伍的管理结构。

四、优化教学管理系统

教务管理的信息化和系统化为教学管理工作提供了极大的便利，为使教学管理系统更好地服务师生，高校需要对管理系统进行优化，具体措施包括：

（一）学校层面给予高度重视，加大经费的投入力度

高校要投入经费升级和维护管理系统，或更新管理系统，整合系统中的信息，删减系统中不实用的部分，添加更加方便师生教学信息管理的部分，彻底解决当选修课开课选课、期末录入成绩时系统经常崩溃、网页打开过慢的问题。

（二）开展系统操作培训

教研室秘书是教研室新任教师轮岗的一种形式，流动性很大。新上任的教师在完成一年的轮岗后，就会离开教学秘书的岗位，因而对于教务系统的操作一直不熟悉，每到期末录入成绩时就会出现各种各样的问题。所以，高校应对教师进行系统运用的培训，让其能够正确、合理地使用系统、合理运用信息化手段，使信息系统更好地为教学的正常运转服务。这类培训旨在提高教师的教学管理信息化意识，使广大师生重视教学管理信息化建设在现代教学管理中的作用，使教师树立信息化的教学管理观念，并形成使用信息解决实际问题的意识和习惯，加强教师教育观念的转变，打造信息化教学管理模式。

（三）不断推进信息化教学管理与教学改革的高效结合

高校要积极应用信息化技术手段展开教学改革试验，有效构建教师教育资源库系统，使其真正成为教师信息化教育实践和创新的基础平台，使管理系统成为师生共享学术资源的平台，强化教师对信息化技术的应用，引导学生积极应用信息化手段自主学习，不断提高师生运用信息化技术解决问题的能力。

综上所述，在高等教育国际化背景下，高校必须提高教学管理的水平，针对高校教学管理仍存在的一些问题，可采用优化管理模式、管理环境、管理系统和管理理念等措施，对高校教学管理进行不断调整和创新，以培养出更多高素质的优秀的复合型人才，进而促进高校全面可持续发展。

第五章　高等教育国际化的人才培养与建设路径

第一节　高等教育复合型人才协同培养体系建设

一、高等教育复合型人才协同培养课程体系建设

探究高等教育复合型人才培养课程体系构建，可以发现之前的三种常见的复合型人才培养课程构建模式：

第一，较早借鉴本科"双学位制"而形成的"主补修制"。在该模式下，学生通过辅修第二专业主干课程获得学校辅修专业认证。该模式在探索复合型人才培养的同时，在一定程度上解决了计划体制下部分学生对所学专业缺乏兴趣又不能转专业的问题。

第二，20世纪90年代"外语、计算机热"后，多数外语类专业转型探索的"外语＋专业课程"人才培养模式，通过增加专业课程内容的学习拓宽学生知识面来提升学生的就业能力。

第三，以深圳职业技术学院为代表实践的"主干专业＋拓展性专业"模式。该模式以学生为根本，以社会需求为导向，积极应对产业转型升级和人的可持续发展对技术技能型人才培养的新要求，以求突破"专业壁垒"。

其中，第二种模式其实是一种"课程+"模式，第一和第三种是一种"专业+"模式。

从实践来看，"主补修"模式和"外语+"模式基本上都是在当时学科课程体系模式下做的"加法"，主要是让学生通过多学课程以增加学科知识来拓展知识面，从而提升复合能力。需要指出的是，在学生在校总时间一定的情况下，"做加法"的方式会增加学生的学业负担。这种"做加法"的模式在高校强化实践能力而提高实践环节的学时后，逐渐淡出高校。然而，深圳职业技术学院的"专业+"模式，在控制125总学分下，追求通过"做加法"以复合专业能力，通过"做减法"以整合课程内容体系，则具有可借鉴的现实意义。江苏建筑职业技术学院的"2+1+X"高职复合型人才协同培养课程体系就是利用了"分类培养、分层教学"的改革成果，而且充分考虑了产业转型升级、智能化发展和区域经济社会发展的需求，向着复合型、创新型和发展型人才培养的目标前进，为高校"一专多能"人才培养创造了有利的条件。该校的"2+1+X"高职复合型人才协同培养课程体系主要由三部分组成：

第一，通识通修课程模块和技术平台课程模块，这一模块主要是针对学生的人文素质和终身学习能力的提升进行培养的。

第二，专项能力课程模块，是为了培养学生某一职业技术领域的基本技能和基本知识而存在的；目的主要是使学生具备所从事的岗位所必需的应用知识、专项能力和综合能力，满足学生就业谋生的需求，着眼于培养学生就业能力。

第三，个性化学习课程模块。这一模块是根据学生的个性化学习需求而制定的，由6个课程组形成：一是专业提升课程组，是对学生专业专项能力课程模块予以巩固和提升的一种课程，一般会在第4学期到第6学期安排；二是跨类复合课程组，这是学生在完成专业学习的同时进行其他专项能力课程模块的选择，一般会在第3学期到第6学期安排；三是企业定制课程组，是为了帮助学生获得相关的就业能力而设置的，一般会在第1学期到第6学期安排；四是科技创新课程组，是为了培养学生参与创新项

目、科研项目以及各种技能大赛项目而设置的，一般会在第 2 学期到第 6
学期安排；六是国际化课程组，专门针对海本直通车专业或者境外合作办
学项目而设置的，通常会在第 1 学期到第 6 学期设置。

　　江苏建筑职业技术学院提出的"2+1+X"高职复合型人才协同培养课
程体系是符合智能化时代发展需求的，突出了学生的主体地位，充分结合
了校本实际，其基础建立在"产教融合、能力递进"之上，以"协同、融合、
改革、整合"为目标，促进了学生职业综合能力的提升，对各个模块内的
课程进行了深入的整合和优化，对现代学徒制和混合所有制的"双主体"
协同育人机制予以重点推进，加强了混合式师资队伍的建设力度，对线上
与线下混合式教学的数字化课程资源进行了优化和完善，促进了以"产、学、
研、训、创"为一体的协同育人创新实践平台的打造，促进了职业能力测
评体系的多元化发展，对复合型人才协同培养质量的提升也是非常有利的。
这一课程体系模式对中国高职课程改革的新成果予以了借鉴，其结构具有
"专业群 +"课程模式特征，是建立在通识通修课程模块和技术平台课程
模块基础之上的。

　　"专项能力课程模块"和"个性化学习课程模块"的课程组都是根据
学生就业、创新、个性化成才的需要而设置的。"个性化学习课程模块"
中的课程组设置更多的是关注对学生综合知识和复合技能的培养。整个课
程体系的组成单位包括课程、课程组和课程模块，与学分制管理是相互协
调的，有利于开展个性化的选学，同时与分类培养、分层教学的改革要求
也是一致的。对学科体系课程进行整合有利于学科知识课程门数的精简，
融合了新的工艺、软件和技术等，吸纳了国内外职业资格考证和国际专业
教学标准内容，对实践类训练课程的开展非常有利，整个课程体系的设置
都考虑了社会发展对复合型人才能力的需求，也充分考虑了人才培养的新
特征和新问题，加强了对产教融合、校企合作和中高职一体化培养改革试
点的推广，为专业与产业、专业课程内容与职业标准、学历证书与职业资
格证书、教学过程与生产过程的对接创造了有利条件。

二、高等教育复合型人才培养实践教学体系建设

实践教学对于职业教育，特别是高等职业教育起着决定人才培养质量的关键作用，其教学体系构建是否合理、教学组织是否得当、教学方法是否具有针对性直接决定了毕业生的技能水平和社会竞争力。对于高职复合型人才培养而言，实践教学体系的构建更是决定"复合型"是否达标的先决条件。

目前，我国高职教育培养的主要是高技术技能人才。围绕这一培养目标，技术技能水平是直接衡量毕业生质量的核心观测点。对于高职复合型人才的培养，除"技能"外更强调的是具有一定理论基础和理论指导下的"技术"。米切姆的四模型理论包括四种状态，分别为客体、知识、活动和意志，这也是现在最具影响力的技术本质和技术定义理论。

技术的客体形态是最为直接的展现形态，但并不代表它是最简单的展现方式。例如，各类物质形态的人工制品等都属于客体形态，即其在本质上把技术看作以物质形态的各种工具、机器、设备等的应用为物质基础；而其提出的知识形态是把技术当作一种特定形态的知识，这种知识具有知识的独特的认识论结构和性质，具有典型的可传承性，如技术工艺、过程、方法等。应用技术知识生产技术制品的活动和使用技术制品的相关行为都体现出技术是活动，将技术看作活动过程，包括发明、设计、制作和使用四种类型，这是其活动形态；而技术的意志形态指的是一种人类运用知识设计产品、设计工艺流程和设计系统的意志，其通过技术活动呈现人类的智慧和创造意愿。

技术包括设备工具、知识、应用活动和应用态度四个要素。设备工具是技术的物质基础，同时也是技术产物，具有自循环和自发展性，技术的进步也会进一步促进设备工具的更新和发展。而知识能够使技术的传承和发展更快捷、更系统，有利于技术进步和发展；技术的发展和应用以知识为基础，同时技术发展过程中又会产生新的知识。技术的应用活动分为发

明、设计、制作和使用，不同岗位对于技术的应用活动侧重点不同。工程师一般将重点放在制造方面，涉及的技术要素以发明和设计为主，而高职层次岗位重在对技术的应用。

对于高职复合型人才的培养，必须在设备工具、知识、应用活动和应用态度四个方面同时进行，高职复合型人才培养实践教学体系的构建也必须体现对这四个要素的培养。

（一）复合型人才培养实践教学体系的建设要素

复合型人才培养实践教学体系的建设要素如图 5-1。

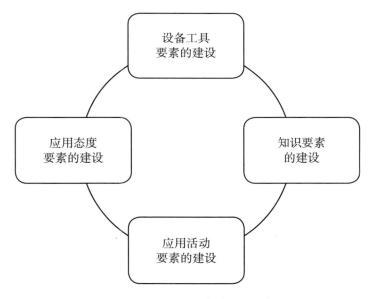

图 5-1　复合型人才培养实践教学体系的建设要素

1. 设备工具要素的建设

设备工具要素即硬件要素。在教学过程中要注重学生工程意识的培养，让学生具备较好的工程实践能力和实践动手能力也更有利于高素质人才的培养。高校应该加强设备建设，为人才培养提供较完善的实验教学基地，并要与校内外实习教学基地相统一和协调；同时，采取措施提高学校实训设备的使用率。在二级分院管理的情况下，各二级学院主要考虑本系各专业的实践教学需求和安排。仪器、设备的配备都要小且全，并自成体系。从全校看，设备配置出现重复配置现象。高校要改变各二级学院分管时分割地盘、分割设备，仪器、设备跨二级学院借调困难的局面，可以采用集中管理来提高设备利用率，促进全校的教学仪器和设备得到充分使用。

加强设备的利用率并避免购置重复的设备，将杂乱的实验室升级为综合性实验室也是硬件建设的一个主要方向和目标。高校对实习实训基地的建设也要予以强化，要促进校际合作，要突破各种界限和局限，为校际教学生产实习联合体的打造创造条件，促进资源共享，充分利用现有的人力资源和物力资源等。高校也要打破故步自封的局限，结合校内、校外的优势，主动与合作企业联系，采用引企入校、校企合作、校校合作、开放实验实训室的方式打破壁垒，实现设备工具要素效用的最大化。

需要注意，人才的培养不是简单通过"工具"就能够完成的。高校如何通过设备来帮助学生更好地进行职业学习，这一系列问题的研究仍然较少。因此，高校要调整实践教学的学时，在购置设备机器时，需要进行与知识、应用活动和应用态度的整合，防止顾此失彼。

2. 知识要素的建设

知识要素是指技术工艺、技术过程、技术方法的传递，即实践教学过程。目前，高等教育应遵循能力本位模式，实践教学过程应该遵循能力导向模式的要求，随着复合型人才培养要求的提高及课程整合化、综合化趋势的加强，力求以多元整合的模式，不拘泥于某一种理论和模式，即吸取各种模式优势，创设适用于本校特点和不断变化的生源特点的适用性较强的高校实践教学模式。实践教学过程改革是新时期高校实现可持续发展的重要途径，也是高校提升复合型人才质量和竞争力的保证。

3. 应用活动要素的建设

应用活动要素具有可重复性和可改进性。应用活动要素主体是学生，教师起主导作用。教师在创设的真实情境下，引导和指导学生将知识要素付诸实施，进行训练活动。通过该活动，学生将教师传递的技术工艺、技术过程、技术方法在虚拟项目或真实项目中实施、验证、提炼、评价、总结和提升。

除理论教学活动以外的其他一切教学活动都是应用活动，应用活动主要由工程设计、工程实训、实习和实验等组成。学生在应用活动中可以得到感性知识的提升，有利于学生对技能、技巧的掌握，能够培养学生的动手能力和独立工作能力。教师可以在实验室或实习实训场所进行职业活动场景的模拟，根据不同项目、不同个体对学生进行分类指导。学生可以采取学做合一的方式。复合型人才培养实践教学体系的构建者应从整体上把握应用活动，涉及实践能力体系构建、实践教学组织、实践教学方法、效果评价等一系列问题，需对从内容到过程再到评价的教学维度进行整合。为了把专业能力、方法能力和社会能力融合进应用活动，顶层设计显得尤为重要。

4. 应用态度要素的建设

应用态度决定了技术的应用效果和创新发展的意识，属于技术自循环和自发展的基础，决定了技术进步的速度。应用态度通过技术自身表达出来，体现了人们应用技术的目的和意愿，包含着人们对应用技术的追求，渗透了人类的智慧和创造力。

对于复合型人才培养，应用态度主要是指学生从事实验、实训、实习等技术活动时的技术态度、技术目的和技术实施方案，直接决定了学生实验、实训、实习等技术活动的成果质量，应该在教师的引导下进行，通过反复训练，融入教师和学生的智慧和创造力。这就需要在构建高职复合型人才培养实践教学体系时，教师要将相关知识基础、行业素养和行业要求的培养融入整个体系。

（二）复合型人才培养实践教学体系的架构建设

复合型人才培养实践教学体系的架构建设内容如图 5-2 所示。

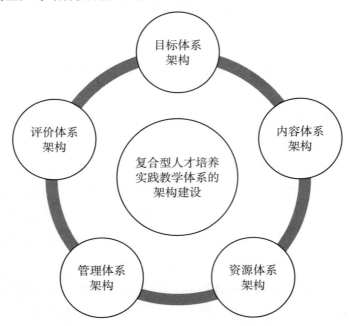

图 5-2　复合型人才培养实践教学体系的架构建设

1. 目标体系架构

一般由人才培养方案的实践教学总目标和子目标等来确定目标体系。同时，要保持子目标和总目标的高度一致性，也就是要对学生从相关职业的知识、技术、技能等方面来进行培养，以便学生养成积极、正确的工作态度。各个实践教学项目的子目标要基于一定的教学理论，其导向为人才培养总目标，并要结合专业的师资力量、专业特色和实训条件等因素来予以制定。实践教学必须以实践教学体系的目标体系为依据来制定，并以此来确定专业服务岗位、职业资格能力和人才培养规格等。

2. 内容体系架构

实践教学模式、实践课程体系和实践教学方法统称为实践教学内容体系。实践教学模式、实践课程体系和实践教学方法的设计要充分考虑在需求导向条件下学校、合作企业的主体作用，以及政府、行业的指导作用，这些因素要联动实施。高职复合型人才培养需要考虑实践教学模式、教学方法的多元性，形成实践课程内容的职业完备体系。

3. 资源体系架构

资源体系包括"工程型"教师和实验实训基地条件，既包含硬件条件，也包含软件条件。设施与设备是实践教学的硬件支撑，"工程型"师资是实践教学的智力支撑，仿真实训资源是实践教学的信息支撑。其中，"工程型"师资团队是关键，团队包括实验指导教师、实训指导教师和实习指导教师。高等教育有两个主要的目标和方向：一是让学生通过学习具备一定的解决问题的能力；二是促进学生正确的价值观、正确的人生观和正确的工作态度的形成，这都需要教师言传身教，以身作则，为此对教师的水平和专业能力也有着较高的要求。教师需要具备一定的教育教学能力和良好的职业道德，还需要具备较好的专业技能和丰富的实践经验等。概括而言，就是"工程型"教师在高等教育中有着重要的促进作用。

高等职业院校的学生主要是在实训基地获取工作技能，为此实训基地教学设备的完善性就尤为重要。一般而言，两种类型高等职业院校的实训基地包括：一种是校外实训基地，通过与院校专业紧密相连的企业合作和交流，让学生对专业技能和岗位需求进行一定的了解和掌握，促进学生兴趣的培养和工作态度的端正，一般通过在企业车间建立学校实训场地，让学生可以定期地进行专业知识的学习和实践；另一种是校内实训基地，即建立专业实训室，让学生可以将所学的理论知识运用到实践操作中去，帮助学生进行理论知识的巩固，或者是引导学生通过实践来认知理论知识，这种交叉式的学习方式更有利于学生对知识和专业技能的掌握。

4. 管理体系架构

为了使实践教学工作顺利进行，高校必须建立一个完善的实践教学管理体系。实践教学和理论教学不同的是，实践教学需要更多的物力、人力和财力的投入，且复杂程度和可控难度也更大，为此实践教学预期效果的实现就不能缺少完善的实践教学管理体系的引导和指正。一般而言，其包括了两个部分：一是校内实践教学管理，二是校外实训教学管理。

5. 评价体系架构

实践教学评价的主要内容包括：一是评价实践课程知识教学效果，二是评价实践课程技术技能的掌握，三是评价任务成果，四是评价校外实习等。针对不同的评价内容，应该采取不同的评价方法、内容、主体和标准。评价标准主要来自实践教学目标和职业资格标准达成要求，是衡量学生知识、技能和态度形成的重要标准。评价方法需要明确采集的方式方法、分析和处理评价数据、形成评价结论。在复合型人才培养过程中，实践教学具有一定的复杂性。评价方法可以采用大数据、信息化的方法。评价内容包括知识、技术技能和职业素养等。评价主体是设计流程、评价实施、数据分析、总结评价和形成结论的主体，主要包括二级学院、合作企业、教师团队和学生团队等。

三、高等教育复合型人才协同培养体系建设创新

我国的高校、科研机构和创新型企业都承担了大量的科研项目，包括国家自然科学基金、国家重大科技支撑计划、省自然科学基金项目等。大多数的项目课题组的组成以本单位人员为主，科研队伍和科研资源相对分散，研究效率有待进一步提高。高校作为国家科学前沿和尖端人才结合的集聚地，能够为社会提供技术支撑和人才支持，是科技创新的重要平台。我国高校多采用单独培养人才的模式，与社会、企业、科研机构没有形成

立体化的人才培养模式。由于培养综合型、创新型人才的需要，高校要加强与企业和科研机构合作的深度和广度。同时，高校还应该以创新的眼光来看待与企业和科研机构的合作，在协同创新理念的指导下，加强多方合作协同创新平台的构建，对相关制度进行改进和完善，促进协同创新人才培养模式的建立，促进高素质复合型人才的培养。

（一）强化合作共赢的协同创新理念

"高等学校创新能力提升计划"是支撑人力资源强国和创新型国家建设的重要举措。高校必须增强协同创新理念，才能更好地贯彻国家发展策略。协同创新理念是指高校基于集成、合作、融合和共享的价值准则谋求创新，以更好地适应时代需要，提高功能活动效率、水平和质量的思想观念。它的提出和践行一改我国高校办学被动的局面，使我国高校在办学理念的指导下，谋求具有划时代意义的新发展。

高校以现代科学的学科专业建制为基础，担负着人才培养、科学研究和社会服务的职能。每个时期都有具有时代特征的高校办学理念，决定着高校的发展方向和道路。随着社会经济的转型升级发展，国家对于科技和人才的需求随之改变，高校的办学思路也相应地进行了调整。特别是随着我国改革开放进程的推进，开放和融合的理念必定融入高校的办学理念中，高校应以建设创新型国家为目的而转型，以实现高校重大的、前所未有的社会使命。因此，高校协同创新的理念应运而生，反映了社会针对高校所提出的新时期要求。

为了进一步深化高等教育领域的综合改革，国家适时提出了协同创新建设计划，以人才培养模式的创新推动人才培养水平和质量的提升。高校也认识到各高校之间、高校与企业之间、高校与政府之间、高校与行业之间开展协同合作是创新发展的必然趋势。各高校积极响应国家号召，树立相同创新的理念，积极培育和创建协同创新中心，开展基于创新平台的人才培养模式，利用协同创新平台来进行人才培养。

国家协同创新计划明确提出，协同创新平台是依托高校和协同单位管理的相对独立的运行实体。依托高校和协同单位是协同创新平台建设发展的责任主体，也是协同创新平台管理和决策机构的核心组成。在协同创新的众多参与者中，高校是主体，应发挥主体作用和使命。作为协同主体，高校在协同创新中，主要发挥两方面的作用：一是主动地谋求联合与合作，组织协同创新；二是控制协同要求与进程，实现创新目的。

因此，高校必须深化和实践协同创新理念，对原有的独自战斗的观念予以改进，为高校内部合作创造有利的环境；此外，还要加强与相关企业和科研机构之间的交流和合作。突破传统的制度限制和观念束缚，促进各个部门的合作和沟通，对创新资源进行充分合理的利用和配置，加强校内外关系的建立，共享科研成果和仪器设备等，打造具有独立性和规模性的科研实体，这将对高校的学科发展和人才培养有着积极的推动作用。

（二）构建多方参与的协同教育平台

在创新人才的培养过程中，协同创新平台要充分发挥作用，使各高校充分共享各项资源和仪器设备，建立校内外合作的人才培养平台。高校要充分利用国家和地方协同创新计划，抓住协同创新发展机遇，积极协同兄弟院校、科研院所和知名企业，利用科学研究与教育资源，以科学研究平台为依托，以项目为抓手，建立多方参与的校企联合型人才培养平台及多学科参与的校内融合性人才培养平台。

第一，校企联合型人才培养平台要充分利用国家和教育管理部门等相关政策，建立高校之间、高校与企业之间的科研资源共享平台。只要对相关院校和企业的教育和科学研究资源进行有效整合，各高校就能获得更多的资源来进行科学研究，有利于培养更多的创新型人才。高校要建立协同人员资源库，建立人员科研档案，以任务牵引为导向，根据企业生产、项目科研需要，调配各创新主体内的科研人员，通过人员的流动和柔性聘任，解决各创新主体对科研人员的需求，实现协同体内部的人才共享。

第二，校内融合型人才培养平台要打破院系之间的合作壁垒，加强校内各个专业之间的合作和协调，可以以学校为单位进行跨学科科研平台的构建，共同攻克重大科研任务；建立以协同创新平台为基础的资源共享平台，实现科研仪器设备、科研数据库和科研人员的共享；建立跨专业的课程建设和实验平台，实现学科前沿报告、学生创新成果交流、实验材料和数据等资源共享等。

根据协同单位存在空间距离的实际情况，协同创新平台建设应积极开展平台资源的网络共享机制创新，汇集各协同单位的各类研究平台，建立平台资源和应用管理网站，基本形成科研平台资源共享系统，包括建设实验设备共享系统、图书资料共享系统、知识产权共享系统等平台。试验设备共享系统将统计各协同单位的主要科研设备、服务内容和使用情况等信息，并在平台内部开展预约制度。各创新主体通过登陆平台使用系统，能够方便、及时地交流信息，加强科研合作。图书资料共享系统可以将高校已购置的中外文献数据库进行中心内部共享，通过建立虚拟专用网络（VPN）通道，不受地域限制而共享文献数据库和图书资料。

（三）构建开放、包容的协同育人模式

在协同创新的时代背景下，如何建立科学、有效的协同育人的人才培养模式成为高等教育学术界关注的热点。在新形势下，如何充分利用协同创新平台，整合校、政、企的科研和教育资源，充分发挥协同创新体的政府政策引导与协调作用、高校教育资源与主动作用、行业企业用人需求与指导作用，培养具有创新能力和实践能力的高素质人才，以适应当下经济社会发展需求，成为高校人才培养模式的创新改革方向。

高校协同创新育人模式一般要建立多元主体参与的人才培养模式，使协同创新成为人才培养的主要途径和普遍模式。知识经济时代的高校，与政府、社会形成了密切的相互依赖的关系。高校只有真正地融入社会，加强与政府和社会的沟通和合作，才能更好地培养创新性人才，从而为社会发展贡献力量。

高校协同创新育人模式要根据协同创新平台的地域、行业、类型的不同而有所区别，建立有特点的育人模式。受发展历史、办学理念和区域等

因素的影响，每个高校的学科特色也各不相同。因此，高校在进行协同创新平台的构建时应该依据学科特征和实际情况进行，主要包括科研团队组建、科研方向凝练和人才培养方法等。例如，建设行业类协同创新平台建设要以大型设计机构和特大施工企业为主要协同企业，在人才培养上要以案例教学、顶岗实习、企业学院的现场教学为主。

高校协同创新育人模式的健康发展需要调动企业的积极性，提高企业和行业的参与度，协同多方互赢互利，增强校企合作的稳定性。协同育人模拟的发展仅靠市场机制进行调节是远远不够的，甚至是无法实现的。高校必须在遵循市场规则的基础上，构建由政府主导的教育体制、机制和制度，并遵循高校的发展特点，实现高校人才培养模式协同创新的可持续发展。

第二节　高等教育国际化人才的培养模式与路径

一、高等教育国际化人才培养模式的多样性

（一）高等教育国际化人才培养模式多样性原则

1.人才培养的服务性原则

服务功能是高等教育三大基本功能之一。伴随着社会的不断进步，高等教育的作用愈发明显。无论是对个体而言，还是对社会而言，高等教育都显得尤为重要。正是由于社会对高等教育的需求越来越强烈，高等教育在近年来也实现了跨越式发展，尤其是其服务功能有了大幅提升：一方面，为了更好地满足社会的需求，高等教育通过培养大量各级各类合格人才来

促进社会的发展；另一方面，高等教育通过开展科学研究和社会服务活动，为社会发展做出了更多贡献，提供了有关科技、信息等方面的成果。绝大多数理工科院校的建立是为了满足政府财政方面的需求，因此专业的设定和教学内容的确定与地方建设密切相关。众多地方性产业也参与其中，这也导致不同地区的人才分布和数量存在一定的差异。

服务性原则应包含两个方面的内容：一方面，高等教育始终秉持以人为本的发展原则，以服务人才为中心，不断完善人才培养模式和培养方案。从总体上来看，充分发挥学生的主观能动性对于人才培养具有重要意义。只有以学生为主体，按照学生的实际情况制订相应的计划，才能够促进学生的全面发展。另一方面，高等教育要坚持服务于社会的需要，为地区经济发展培养大批急需的高级专门人才。但人才培养仍具有一定的滞后性，高等教育在注重经济建设的同时还要考虑可持续发展，为今后的人才培养奠定坚实的基础。

2. 教学与科研相结合原则

发展高等教育事业的最初目的是提高个体的综合素养并且促进个体的全面发展，培养一批又一批能够为社会做出贡献的卓越人才，最终推动社会的发展。高等教育事业的开展必须依赖于一定的机构，高校就是最好的高等教育平台。对于任何一个高校而言，培养人才永远是其奋斗的目标，这实质上也是高校的基本要求。高校不仅具备种类丰富的教学资源，还有专业的教学设备；除了培养人才，还应当为我国的科研事业做出更多贡献，所以高校必然是教学与科研结合的文化组织。高校必须发挥教师的主力作用，而高校教师应当积极借助科研持续扩展知识面，提高教学水平，这有利于高校更好地实现人才的培养；此外，高校教师还要积极参加科研推广、科研咨询等，推动科研成果更快、更好地转化为生产力，使其实现服务社会的价值。因此，除培养人才的基本任务外，高校教师还应当积极参与科学研究。

目前，社会对人才素质的要求趋向多元化，特别是对人才的创新能力和实践能力提出了更高的要求，因此，大学生在认真学习专业知识的同时，还要积极参与科研活动、创新活动，主动培养创新意识和探索精神，不断提升实践能力。理科工科的大学生既要参加基本的专业培训，锻炼专业技能；还要积极参与科研活动，提升创新能力。简而言之，在现代社会的新形势下，为了满足社会对人才的新需要，在培养人才的过程中，高校必须充分考虑教学与研究相结合。

（二）高等教育国际化人才培养模式多样性的分类

1. 根据人才的整体智能结构分类

（1）通才教育模式

通才实质上是指能够运用所学的专业知识解决实际问题、全面发展的人才。针对通才提出的教育模式称为通才教育。通才教育具体是指给予大学生必要的人文教育，传授给大学生科学文化知识，培养大学生的创新能力和实践能力。它强调要重视对学生文、理等多方面的基本知识和技能的教育以及完整且健全的人格培养，以及进行学科性广博知识型的教育；要求学生在大学本科的学习阶段掌握系统、广博的知识，不断扩展知识面，锻炼灵活应变能力，从而能够在择业时更好地适应社会对人才多样化的需要。它是一种未来型教育模式。这种教育模式不仅能够更好地顺应学生的个性发展，还能够激发学生的发展潜力，培养出来的学生通常更具创造力、更加自信。但是，这种教育模式要求社会创造出持续的教育环境，以便开展后续教育，如研究生教育、企业培训教育，促进高级专门型人才的培养。

（2）专才教育模式

专才是指在某一个领域拥有专业特长的人才。相应地，专才教育指的是培养大学本科学生在某一专业领域的实践能力和研究能力的教育模式。这是一种现在型的教育模式，更加注重学生某一方面能力的培养，或在某一特定领域给予学生专业化的训练，更加强调实践的重要性。专才教育的最终目标是培养一批能够尽快融入社会、适应社会发展的实践型人才。这种模式培养出来的人才通常较为专业，能够更好地适应分工较细的岗位，做好本职工作。这种教育模式较为看重人才的专业性，在专业课程方面，也相应地设置了系列基础课程。这种教育模式在德国、法国等国家较为普遍，在我国常见于部分教学型的院校。

（3）通专才结合教育模式

将通才与专才完美融合就形成了通专才结合教育模式。这种教育模式培养出来的人才不但具有完善的知识体系、扎实的基本功，还具有较强的社会实践能力和科技创新能力，能在某一领域实现重大突破，满足社会的需求。当前众多国家和地区正根据各自国情、区情，吸收通才和专才的优点，互相借鉴，逐步培养出专业水平更高、知识覆盖面更广、实践能力更强的人才。例如，新加坡实施通才与专才教育并重，进行博与专相统一的均衡教育；在我国，清华大学、北京师范大学等众多高等院校也正在探索这种培养模式。

（4）宽基础复合型模式

宽基础复合型模式在人才培养过程中发挥着至关重要的作用。为了更好地适应市场经济的变化、满足社会的用人需求，宽基础复合型模式可谓培养人才的最佳选择。宽基础复合型模式涉及本科生应当掌握的一系列理论知识体系和基础的人文常识，不仅为学生的发展奠定了牢固的专业基础，有利于引导学生跨学科学习，还有利于培养学生的实践能力。经过长期发展，部分地区的理工学院成为覆盖多学科的综合性大学，且专业多以工科为主。在这种培养模式下，毕业后的学生广泛受到社会欢迎，在社会上的适应能力和实践能力都较强。

2. 根据人才的智能水平结构分类

（1）英才培养模式

英才培养模式是指精准化地培养专注理论研究的学术型人才的模式。高校的英才教育模式一般包括单独开班、单独授课、单独指导等一对一的方式。教育对象通常是一些拔尖的学生。高校会为这些学生提供优质的培养条件，并配置专业水平较高的导师，为学生打下牢固的理科基础、外语基础和计算机专业基础，同时借助严格的科研活动和社会实践活动，为学生营造良好的学习氛围。

目前，各国都尝试采用各种各样的措施保障精英型高等教育的地位。例如，美国会对高等学校进行分层。各层次的高校呈现出金字塔的形状，精英型的高校处于金字塔的顶端位置，主要培养社会英才；相对地，社区学院、技术学院和州立大学等则在金字塔的中部和下部位置，主要培养应用人才。新加坡为了培养"杰出人才"和"聪明人才"，专门设置了"荣誉班"，开展英才教育，培养出来很多优秀的领导型人才。在我国，北京大学、福州大学等部分高校正在探索开展英才教育，并且已经取得了初步的成效。

（2）优秀人才培养模式

优秀人才培养模式主要是指为了培养一批动手能力强、思维严谨、全面发展的高素质人才所设定的培养模式。面对优秀的学生（通常指超过高考重点线的学生），高校一般通过单独开班的方式，强化这些学生对公共基础知识的掌握。待学生升入更高的年级时，学校会组织优秀学生参与教师的科研工作，安排导师专门指导学生的科技创新活动，在保证学生掌握专业理论知识的同时，锻炼学生的实践能力，为学生的发展奠定良好的基础。

（3）应用型人才培养模式

应用型人才培养模式更倾向于培养学生思考问题和解决问题的能力，更加强调理论联系实际的重要性，最终目标是让学生掌握基本的理论知识，能够利用所学知识解决实际问题。地区性理工科院校对一般本科生大多采用这一模式，在学生掌握专业基本知识的基础上，着重加强学生的工程实践能力的培养，提高学生解决工程实际问题的能力。

3. 根据人才的培养过程分类

（1）教学与科研结合型模式

教学与科研相结合的培养模式，是指在对本科学生的教学过程中，对学生进行基本的科研训练，培养学生的科研能力、创新精神以及实践能力，为学生毕业后的发展奠定良好的实践基础。世界各国的高校清楚地认识到在本科阶段培养学生科研能力的重要性，因此，这种教育模式越来越受到人们的欢迎，一些著名的高等学校为了实施教研培养模式专门设立了科研中心。例如，密歇根州立大学设立了科研推广中心，麻省理工学院则制订了科研计划。除此之外，世界很多一流高校，如哈佛、剑桥、耶鲁等，都很看重教学与科研相结合的人才培养模式。在我国，培养本科学生的科研能力也逐渐得到了各高校的重视，很多高校开始探索开展教学与科研结合的人才教育模式。

（2）厂校结合型模式

工厂与高校相结合的培养模式，是指除了教授学生理论知识外，高校还会让学生在工厂或者企业接受实践锻炼，主要目的是培养应用型专业人才。具体而言，德国的学徒制、"二元制"培养模式都是典型的厂校结合模式。但是，这种培养模式需要工厂、企业等实践地点必须具备合适的教学条件和培训环境。因此，现在我国的普通高校一般不采用这种培养模式，这种培养模式在高等职业院校中比较常见。

（3）产学研一体化培养模式

生产、学习和研究一体化的培养模式，指的是在本科阶段将学校、科研和工厂三者相结合，保证学生不仅能够掌握专业知识，还能获得科研和实践锻炼的机会。这种培养模式常见于美国和日本的高校，我国有一些院校正在进行试点。

产学研一体化合作模式的开展方式多种多样，不仅设有专门的联络中心、技术科技园，还有合作创作中心、科研所和学术型研究场所等。产学研一体化合作模式既有利于加快人才培养，又有利于提升人才的质量。运用这种培养模式，高校能够从社会上聘请专门教授实践课程的教师，而这些实践知识无法通过书本学到。同时，企业可以为高校的学生提供实践的机会，培养学生的实践能力。此外，对于企业而言，高校不但可以为企业员工提供进修的机会，而且能够为企业提供师资力量和指导。综上所述，这种培养模式对企业、学校和科研三方都是有利的，逐渐受到高校、企业、政府以及科研机构、社会团体等各方的关注。

（4）合同制培养模式

合同制的培养模式，指的是在培养本科生的过程中，高校和企业就人才培养签订合同，由高校为企业培养专门的岗位人才。这种培养模式常见于俄罗斯，我国只有部分高校在本科培养过程中采用了这种培养模式。

（三）高等教育国际化人才培养模式多样性的保障

人才培养模式的构建实质上是一个覆盖范围较大的系统性工程，改革的实践与深化需要有良好的环境条件和保障体系。高等教育国际化人才培养模式多样性的保障如图 5-3 所示。

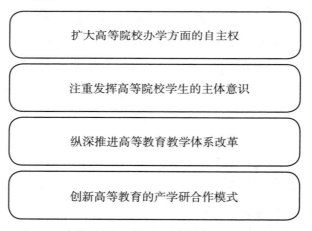

扩大高等院校办学方面的自主权

注重发挥高等院校学生的主体意识

纵深推进高等教育教学体系改革

创新高等教育的产学研合作模式

图 5-3　高等教育国际化人才培养模式多样性的保障

1. 扩大高等院校办学方面的自主权

在政府职能逐渐转变的背景下，我国高校对政府的依赖程度会逐渐减弱，高校也会随之逐渐变成独立的运行主体，高校拥有的办学自主权也将更加全面。扩大高校在办学方面的自主权，主要从以下几方面着手：

（1）扩大高等院校人事自主权

高校在人事方面的任免权主要包括干部的任免、用人的权利和开展职称评审的权利等。现阶段，北京大学、清华大学等重点高校拥有较大的人事任免权。相对而言，地方性的高等学校和普通高等学校拥有的人事任免权则较小。具体而言，干部的任免权要保证高校拥有决定处级及处级以下干部的权利，做到向上级备案即可，防止干部任免的时间拖得过久导致工作不能顺利开展；高校的编制总数和教职工工资总额是根据学校规模确定的，用人的权利要保证高校在编制数量、人员任免等方面拥有自主权，并拥有一定的人事指标决定权、工资级别的决定权和户口关系的决定权等，从而保证高校吸引到人才后，能够留下人才，并发挥好人才的作用。在职称的评审方面，高校要拥有一定的自主权，或者尝试双轨制。

（2）扩大高等院校经费自主权

为了更好地支持各类办学，高校应当在费用收取、经费使用等方面拥有一定的自主权。现阶段，面对普遍的入学压力，如果高校没有充足的资金和相关的资源，那么办学就可能很难持续下去。因此，高校应当拥有充分的自主决定经费的权利，高校运用多种方式获得办学资金、办学经费的方式应当得到支持，例如运用合作办学方式、对外办学方式和获得企业、社团的关注，从而增加资金的获取渠道。与此同时，高校还应当拥有一定收费标准决定权、发放工资福利的决定权等。在此情况下，高校能够获得一些学费、社会服务费和科研咨询费等，还能够发挥产业作用进行商业运作，获得一定的利润，在一定程度上对政府投入的不足给予弥补。

（3）扩大高等院校管理自主权

在高校产业化程度和市场化程度逐渐提升的情况下，高校将会直接面对市场，因此要遵守市场的相关规则。然而，市场是瞬息万变的，为了更好地应对这些变化，高校在管理方面和决策方面应当拥有充分的权利，否则，高校就可能错失很多的机会。此外，由于各地的经济发展状况不同，地方性高校面对竞争的方式方法也不同，如果运用单一化的管理方式，那么高校就会逐渐陷入困境中。所以，各地的高校应当结合地区的实际情况、自身的特色和规模层次等因素，自主确定学校的改革方向和发展路径。

当然，给予高校这些权限并不意味着政府对高校采取完全放任的态度。

目前，对我国高校而言，政府既是最高级别的领导者和管理者，又是主办方和资助方，所以，还是应当充分发挥政府特别是省级政府在高校办学中的整体把控作用，明确高校的前进方向、具体实施方案，给予高校一定的资金和帮助，尽可能减少对于校内事务和管理的介入，要积极维护高校的管理秩序。

2. 注重发挥高等院校学生的主体意识

在建构多样化人才培养模式的改革实践中，在尊重客观规律的前提下，要尽可能发挥学生的主观能动性，让学生成为实施的主体；教师在此过程中扮演着领路人、指导者的作用，只有二者相互联系、相互促进，才能够促进改革的进行，而这并不是一件易事。当今，我国高等教育已经迈入大众化阶段，学生的主体性在教学中已经逐步显现，学生的主体意识不断增强，但学生的发展不仅仅是为了满足个人发展的需要，更应该满足社会的需求。正确处理个人与社会的关系对于学生的发展而言显得尤为重要，既要认识到社会发展的重要作用，又要充分考虑满足学生个人成才的欲望。只有将学生对于个人发展的欲望与社会需要相联系，并且引导学生走上正确的发展道路，才能进一步增强学生的主体意识。

（1）增强学生主人翁的意识

学生是教育对象，学生观指的是教育工作者对学生的身心发展特点、各方面素质、潜力等的看法。当代的学生观讲究发挥学生的主体作用，根据学生身心发展的特点，增强学生的主人翁意识，引导学生自主学习，促进学生个人素质全面发展。学生是认识客观世界的主体，也是实践的主体，处在不断发展的过程中。人最本质的特征就是主体性，这也是人的社会属性，将人与其他动物区分开。正是因为人具有主体意识和主体能力，才能推动人的综合素质全面发展。所以，适当地释放和发现学生的主体性更有助于学生发展，承认并尊重学生的主体性是开展人才培养模式改革的重要立足点。学生要实现真正意义上的由被动接受到主动学习的转变，从而成为人才培养过程中源源不断的动力，最终成为人才培养的受益人。

（2）调动学生自身的积极性

高校要积极引导、调动学生主动参与的积极性。在建构人才培养模式实践中，要增大"自由度"，让学生有自主安排、积极参与改革的空间，将第一课堂、第二课堂、第三课堂有机地统筹安排，将所谓的教学计划转变为实实在在的培养方案，鼓励学生根据自己的实际情况选择合适的选修课程，不仅可以跨专业选择课程，还能够跨学院选择课程。高校可以开展一系列的科技创新活动，充分调动学生科学研究的积极性，对于表现卓越的学生予以一定的鼓励；还可以组织丰富多彩的社会实践活动，培养学生的综合素养和能力。

3. 纵深推进高等教育教学体系改革

建立完善的人才培养体系是我国高等教育改革最重要的任务，教育教学改革通过实践得以不断深化。为了确保培养目标的实现，高校必须纵深推进高等教育教学改革。

（1）建设高效的师资队伍

人才培养模式的实施需要建设高水平的师资队伍，并不断完善队伍结构。建设高效的师资队伍时需要注意以下几方面：

第一，数量方面。教师缺少编制现象普遍，高校师资较为缺乏，无法满足高校发展的需求，还有教师外流现象，这些都限制了高校的发展和人才培养。

第二，质量方面。普通院校办学的硬件和软件有限，难以吸引优秀的人才，要引进顶级专家或获得重大科研成果的专家更是难上加难。此外，各普通院校目前虽然也引进了一批高学历的教师，但他们在教学能力、实践能力和教师素质等方面总体上还有所欠缺，需要在工作中多积累经验。

第三，结构方面。师资结构改革不能采取常规措施，要加快人事制度改革，具体改革措施包括：一是以转变思想观念为先导，以改革统揽师资队伍建设全局。在人才选拔方面要不拘一格，树立"大人才"观。二是加强重点学科建设，营造吸引人才、利于人才成长的良好氛围。三是采取有力措施，加速中青年教师的成长。可以根据地区和学校的实际情况，制订针对中青年教师的培养计划，为青年教师的成长和发展提供更多的平台和机会，将师资队伍建设落到实处。四是加大学校内部人事制度改革，实行岗位聘任制等。

（2）深化教学内容的改革

教学内容改革是教学改革的重点。从本质上来看，深化教学内容改革也是构建人才培养模式的关键。根据目前教育改革的整体情况，教学内容改革已经进入攻坚阶段。虽然有不少优秀教材，但教学内容仍然比较落后，这一问题还没有解决，还达不到人才培养模式改革的要求。地方院校在教学内容改革上是大有可为的，绝大多数院校会采纳教育部所推荐的教科书，特别是通识类教育方面的书籍更容易被采纳，此方式能够有效推进教学内容的改革。当然，高校也可以选择以下方式来实现教学内容的改革：

第一，从培养目标、培养计划入手，编写符合时代潮流、学生发展的选修课程。

第二，搭建良好的学习平台，为教学创造有利条件，让学生能够更加高效、准确、快速地获取信息。

第三，理论联系实际，将科研与教学完美融合，让科研走进课堂。

第四，加强高校联系、合作，不同高校可以设定有特色的选修课程，形成完整的选修课程理论体系。

（3）加快教学方法的更新

教学方法是指教师在教学活动中运用一定的技巧和手段，将科学文化知识传授给学生，增长学生的见识，培养学生的能力。高等学校的教学方法与普通学校相比，具有明确的专业方向性及科学文化发展过程和研究方法的接近性。因此，高等学校教学方法改革应遵循的原则是：教师应当在尊重学生天性、掌握教学共性的基础上，不断深化教学方法改革，使得教学方法逐步趋于专业化和多元化。伴随着教育水平的不断提高，教学方法也逐渐增多，如"发现法"（也称为"发现教学"或"发现学习"）"问题教学法""案例教学法"等，它们都是有利于学生智力开发和能力培养的优秀教学法。

需要注意，从某种意义上讲，教学方式不应划分等级，这是因为不同教学方式在不同的教学背景下所发挥的作用存在一定的差异，好的教学方式能够更好地引导学生成长，可见教学质量和水平往往取决于教师的引导效果。综上所述，在推进教学方法改革的过程中，高校应当高度重视教师综合素养的提升，倡导并鼓励教师树立端正的教学态度，完善教学知识体系，选择合适、高效的教学方法。

高等学校的教学方法改革是在整个高等教育改革背景下进行的。从世界高校的改革趋势来看：由传统的传授给学生科学文化知识转变为传授一定的学习方法，由方法指导逐步过渡到思维启发；学生也由被动接受知识逐步转变为自主学习，这也是地方院校在教学方法改革中应充分注意的发展方向。

（4）推广现代教育技术的应用

大范围地推广现代教育技术，更有利于教育模式的构建。所谓的现代教育技术，实质上是指用先进的教学理念和教学方式，借助最新技术和教学设备，对教学资源进行优化，使得理论与实践能够巧妙融合。就当前发展而言，现代教育技术是当代教育的制高点。

我国现代教育技术的发展才刚刚开始，地方院校和重点院校差别还不大，各高校应该牢牢抓住各种可以发展的资源和机会，在现代教育技术实施过程中占据一席之地。创新教育旨在培养具有创造性思维和创新能力的人才，在各个方面不断创新，如教育理念、教育技术、方法等，其中最核心的是教育技术的创新。现代教育技术在实践中的运用可以培养学生的创造性思维和能力，锻炼学生的逻辑思维能力和观察力，让学生养成创新意识、实现个性化发展，也能够培养学生获取信息、处理信息的能力，使学生将所得信息应用到实践中。

随着现代化教育技术的不断优化和完善，教学手段也变得更加多样。这不仅有利于教学的进一步提升，甚至对人才培养模式的构建也具有重要意义。现代教育技术能够推动人才培养模式朝着国际化、专业化方向迈进。

高校不仅要合理利用独有的教育资源，还需要确立长远的目标、具体的实施方案和发展规划，将计算机技术和多媒体技术融入科学研究和教学的方方面面。近年来，部分高校在网络教育、课件研制、多媒体应用方面已取得长足的进步，在应用现代教育技术、建构创新教育模式的改革上，是大有可为的。

4. 创新高等教育的产学研合作模式

高校要加强与社会的联系，积极探索新形势下产学研合作模式。将劳动创造与教育紧密联系起来，这是我国教育发展的基本趋势，是培养全面发展的合格的社会事业建设者的基本途径。在国际化背景下的高等教育中，它的主要表现形式之一是实现产、学、研的结合。在构建人才培养模式的过程中，不仅需要提升学生的创新意识和动手操作能力，还要促进学生的全面发展，也要求高校必须走产学研结合的道路，尤其是地方院校由于其特殊地位，更应当加强与社会的联系，更积极地探索产学研相结合的新路。

从目前来看，产学研相结合开展较好的高校并不多。一些高校产学研结合的深度还不够，尚未形成合理有效的机制。从本质上来看，要促进高校产学研相结合进一步发展，需要我国不断完善经济体制改革，促进企业发展，让人才培养成为全社会共同的责任，形成全社会共同培养人才的氛围，凝聚社会力量促进高等学校教育改革。

从大体趋势来看，我国经济体制不断纵向发展，众多企业也在完善、调整企业结构，多个区域经济中心正在崛起，高校在此阶段应当抓住时机，进行校企合作，建立与社会的联系，不断拓宽教育资源的覆盖范围。具体措施如下：

（1）不断丰富和创新教育形式，为社会培养需要的人才

目前，我国企业在不断转型升级，对高素质人才的需求量较大。企业在职的员工也希望有提升自我、提高学历层次的机会。这一背景为地方院校和地方企业加强合作提供了机会。高校可以举办不同形式和不同层次的教育，如专升本、培训班等，为社会输送更多的人才，也可以让学校发展

获得新的动力。

（2）在科研项目中加强合作，帮助企业解决问题

高校具有人才优势，能够帮助企业解决在生产过程中遇到的难题。高校教师可以与企业科技人员共同合作，攻坚克难。除了教师，学生也可以参与其中，一方面可以解决企业的难题，另一方面可以为高校师生提供实践平台。

（3）利用毕业设计这一环节，加强学生的工程训练

例如，在理工类高校的毕业设计环节中，高校开展校企合作，学生可以通过企业获得工程实际训练的机会，学生的毕业设计可以围绕工厂或企业面临的难题。学生在教师和企业技术人员的共同指导下，在毕业设计环节能够获得实践的机会，尤其是工程实际训练。企业也可以通过这一形式选拔高素质人才，促进大学生就业。这对企业和学生双方都有好处。

（4）成立董事会或产学研相结合的委员会

这是产学研相结合的高级形态，社会、企业与高校可以搭建合作桥梁，多方共同参与教学规划、专业设置、培养计划的制订。高校可以获得更多的资金支持，学生可以有更多实习的基地，三方还可以合作开展相关科研项目、培养人才等。

二、高等教育国际化人才的培养路径分析

（一）着力实施"两个强化工程"，推动国际化人才培养

随着高等教育国际化程度的不断深入，社会对于国际化人才提出了新要求，主要体现在四方面：一是创新能力，二是国际意识，三是国际交往能力，四是国际竞争能力。我国高校的培养目标也要面向国际要求，这就要求我国高校要更加深入参与国际间的交流与合作；针对教学和科研，更加充分地利用国际教育资源。这就要求我国的高等教育要面向世界，加强国际间的学校合作，促进师生积极参与国际交流。我国的高等教育虽然在

改革中培养了很多优秀的人才，但是经济全球化的推进对我国的高等教育结构和人才模式都提出了更国际化的要求，人才要更适应国际间的竞争。

现在我国高校的人才培养策略是着力实施"两个强化工程"，人才培养模式需要建构"一体两翼"的模式。也就是一方面要强化高校的意识，高等教育要面向现代化、面向世界、面向未来；另一方面高校要培养学生的能力，主要是国际竞争能力。这就需要大学生拥有第一专业的知识能力，也就是"一体"；同时，大学生要拥有其他学科的知识和能力以及适应时代的新知识和能力，也就是"两翼"。高校要利用教育理念、课程体系、培养制度和培养标准的国际化过程，来达到培养人才国际化的目标。这一目标的实施离不开"请进来、走出去"的交流过程。学生的国际意识、视野和语言等方面的培养，离不开一支国际化的教师队伍。

在我国，高等教育国际化主要是指在立足本国的基础上，高等教育面向世界、面向未来，吸收其他国家或其他文化的教育理念的过程。我国高等学校正在不断地提高国际化的参与程度，主要通过中外合作办学的方式，引进国外先进的教材和课程，也不断地借鉴国外著名高校的办学特色、高校管理成功案例，由此来提高我国高校的师资力量，更新我国高校的办学理念，从而提高高校的办学水平。除了与国外的大学加大合作力度外，我国也要加强与国际学历的互相认证，积极地促进国际人才的流通，由此带动高校培养国际化人才的发展。

（二）加强国际化产学研合作，增强学生的国际竞争力

教育与社会发展互相促进，作为一种社会显现，其产生就是为了适应人类社会的发展，而教育发展也会促进社会向前发展。为了适应社会更加国际化的发展，我国高等教育在不断地进行教育改革，其中一个重要的举措就是国际化产学研合作。此种方式通过产学研合作，提高了大学生的实践能力和竞争能力，使其能够更好地适应社会的发展。

国际化产学研合作的主要优势就在于其更贴近国际社会发展的需求，因为其可以利用高校和跨国企业两种教育环境，根据跨国企业的实际要求

来安排课程和社会实践，包括人才的培养方案、教学的内容和实践环节等，以此来提高学生的实践能力和整体素质。国际化产学研合作对高校的要求比较高，高校需要积极与跨国公司合作，创造条件促进学生更好地融入国际劳动力市场，以此来提高学生的素质和竞争力的国际化，使其成为国际化人才。

近年来，高校加大与企业的合作，尤其是重视与跨国企业的合作，争取企业的研发课题，加强校企关系的建立，一方面提高了学生的课题研发的创新能力；另一方面提高了学生的实践能力，通过研发过程能够为学生提供实习机会，也能够达到促进就业的目标。而且，通过国际化的产学研合作，高校不仅能够第一手掌握国际企业对教育内容的需求，还能够请到有实际工作经验的科研人员和高端人才到高校讲课，补充师资力量，给师生提供更实际的学术参考。高校可以及时根据国际企业的需求，调整国际化人才的教学和科研方向。

随着经济全球化的迅速发展，人们聚焦于高校培养的国际化专业人才是否符合社会的需求。高等教育的目标是通过专业的教育培养专业的人才。所以，对于高校而言，专业设置是关键。通过国际化产学研合作，高校加强了与社会的联系，从而能够更多地获得社会、科技、生产方面的信息，让高校的专业设置更适合社会的需求，使培养出来的人才能够更好地适应社会的需求。

近年来，许多高校都通过国际化产学研的合作，建立了实验教学平台、人才培养中心，以求探索更好地培养国际化人才。在这种合作中，经费由企业通过设立研究基金等方式解决，学生根据企业需求开展课题研究，而高校减少了培养成本，扩大了培养效果；企业解决了人才需求，增加了人才储备；学生增加了实践机会，提高了能力，也增加了就业机会；由此形成多赢的局面。国际化产学研合作不仅开阔了学生的视野，锻炼了学生的能力，也促进了学校教育的国际化发展。

（三）强化外语与双语教学，提高学生跨文化交际能力

语言作为基本的交流工具，是国际化人才的基础要求。一门语言是一国文化的凝结，学习外语的过程既是了解多元文化的过程，还是形成国际意识的过程。外语能力是学习者在信息时代快速获取最新资讯的基本能力。学生如果能够熟练掌握一门或多门外语，就能够利用外语进行跨国交流与服务，获取某一专业、某一层次、某一领域所需的专业知识和能力，基本通晓所处专业、层次、领域行业的国际规则，才能成为国际化人才。高校要达成这一培养目标就必须加强外语教学，不把外语简单地作为一个学科，而是从学生的外语能力入手，发挥学生的主观能动性，提高学生的外语应用能力，加强学生对外国文化的理解，使其在国际交往中真正应用好外语这一工具。

随着教育国际化的快速发展，外语教学的重点转移到了语言应用能力、外语与专业相结合的综合应用能力方面。同时，对于创造更好的语言学习环境，计算机和国际互联网将起到重要的作用。高等教育国际化的发展离不开信息技术、互联网技术的支持，可以跨越时空限制的虚拟大学、虚拟教室、虚拟课堂已经成为教育国际化的主力军。在外语教学过程中，高校可以充分利用互联网技术和多媒体技术的优势，使英语教学不再受困于以教师讲授为主的课堂教学，而是脱离时空的限制，更加个性化、自主化。利用这种方式，学生能够更加主动地进行自主学习、自我发展，这也是国际化人才的重要特点：有很好的自我教育能力，能够发挥自己的主动性，根据自己的兴趣，发挥自己的潜能，通过多种渠道随时随地学习，从而成为复合型、创新型的国际化人才，不断地提升自身的竞争力。

高校培养国际化人才的重要模式就是开展双语教学。此种教学模式也是顺应改革开放的潮流、增进文化交流、扩展学生未来的重要模式。双语教学不仅有助于提升学生的语言能力，还能够促进学生思考，提升学生的思维能力。这一过程也是学生了解国际文化的重要过程，能够使学生形成更开阔的视野，更好地进行与外国文化的交流。

高等教育国际化是世界发展不可逆的大势所趋，因此，也成为许多国家的重要发展战略。在我国，适应这一趋势，加快高等教育国际化，培养更优秀的国际化人才，也是高等教育重要的任务。高校要完成这一任务就必须加强国际交流，加深国际合作，引进国外先进办学理念、教学方法、课程体系，有效地利用国际优质的教育资源，形成适合我国国情的国际化人才培养机制。

第三节　高等教育国际化创新人才培养 与路径建设

"在经济全球化、教育国际化背景下，培养大批具有国际竞争能力的创新人才是高等教育面临的一个重大课题"[①]。创新型人才是指富于开拓性，具有创造能力，能开创新局面，对社会发展做出创造性贡献的人才。要有良好的道德修养，具有创新的意志品质；创新型人才要有很强的自我学习和探索的能力；要在某一领域或某一方面拥有广博且扎实的知识；要有敏锐的洞察力以及较高的专业水平。创新型人才的内涵具体如下：

第一，有创新的意志品质。创新是对已知领域进行破旧立新的过程，或者是探索未知领域的过程。这个过程充满着各种风险和困难，甚至是要经过无数次的失败。人类文明以及科学技术发展到现在，每一点的进步都是需要人们经过不断的努力，凭借坚韧的毅力，为了目标坚持不懈地奋斗。所以，创新型人才应该具备良好的事业心、献身精神和历史责任感。只有创新型人才具备了这样的品质，才能够在探索的过程中锲而不舍，不轻言放弃，构成强大的精神动力，最终实现理想的创新效果。

---

① 徐青. 高等教育国际化视野下的创新人才培养模式探索 [J]. 继续教育研究，2010（9）：57.

第二，有创新观察和思维能力。创新从某种意义上可以说是突破性的发现。创新型人才只有具有敏锐的观察能力和思维能力，才能实现这种突破性的发现，所以，要求创新人才能够发现别人所不能发现的事物，并可以将事物和其已经掌握的专业知识结合起来。同时，创新型人才也应该具备独创性和前瞻性的创新思维，才能对事物的判断独特且准确。

第三，有创新知识。知识经济时代的到来使中国的高等教育面临着机遇和挑战。知识经济是依靠知识的创新来创造财富的。所以，创新是知识经济的核心，而创新的关键在于人才。无论是科技还是经济的竞争，无论是知识还是技术上的创新，归根结底还是要依靠素质高的创新型人才。培养创新型人才是这个时代的需要，也是一个国家在国际竞争中占有主动的必要条件。

第四，有创新实践。拥有创新精神是科学实践的前提，而实践是创新得以实现的保证，创新和实践是缺一不可的。任何的创新都要经过不断的实践去检验，只有在具体的实践活动中才能总结经验，精益求精。任何创新的过程都是依据科学、依据事物存在的客观规律进行不断摸索的过程。每一个创新都不是凭空捏造和想象出来的。因此，具有创新精神的人才必须具有求实的作风和严谨的工作态度，遵循事物的客观规律，要从实际出发去进行创新实践。

高校要把培养一批具有创新能力的人才当作使命和责任。高等教育是传播、扩散和创造知识的重要基地，是知识创新的主要动力和源泉。高校学科门类众多，科技专家云集，研究课题广泛，学术思想活跃；人才培养和科学研究相辅相成，便于基础研究与应用研究紧密联系，发挥学科交叉与融合的优势。这些都是高校科技创新和理论创新的独特优势。增强自主创新能力，建设创新型国家这一重大战略决策的提出，为高校强化知识传播和创新的功能，成为科技创新和理论创新的不竭源泉提供了新的契机。推动科技进步和经济社会发展，已经成为高等教育义不容辞的历史使命。"高校应加强高等教育创新人才的培养，创新和完善教学体制、机制，加强外语课程教学，建立国际化教师团队，同时将教学科研与实践活动相结合，提高学生的整体素质"①。

一、高等教育国际化创新人才培养的环境建设

（一）高等教育国际化创新人才培养的环境要求

创新型人才培养的教育环境必须满足以下几方面的要求：

1. 有利于营造宽容与理解的氛围

正因为创新活动中蕴含着失败的可能，所以高等教育要想造就一大批创新人才，就必须要有包容失败的制度环境，要让宽容和理解成为一种氛围。

2. 有利于提倡和保护学术自由性

所谓"自由性"，即制度环境的自由性，意味着这种环境能够容纳更多的情感、理念、价值、内容、形式、模式和机制。

3. 有利于彰显个性和创新

个性是一个事物区别于其他事物的特质。一个人的个性是由其思想、情感、智力、情绪和环境等决定的，是独一无二的。每一个对社会发展做出特别贡献的人，每一个有创新性成果的科研团队，都是由有创造性的个人或创新先锋引领的。高等教育只有在了解这些基本情况的基础上才能顺利开展工作。高等教育要实现创新就要支持个人发挥特长，尊重多样化，鼓励个性化；要本着为创新者提供开放、自由的创造新环境的宗旨，让他们的更多的奇思妙想闪现；要大胆鼓励创新者的言论，支持他们的行动，最大化地激发他们创造的热情。

---

① 成雪岩.""一带一路"国际化背景下高等教育创新人才培养的路径 [J]. 教育理论与实践，2016，36（27）：9.

4. 有利于确保学术的独立性

学术独立是指学术研究不受政治、经济、文化和市场等的影响，而有独立的地位和独立的品格。高校是进行学术研究的主要场所，高校成员能否享有学术自由是其创造能力能否凸显的关键因素。因此，高校学术要尽力保持的独立自治。

（二）高等教育国际化创新人才的教育环境建设

高校国际化创新人才的培养离不开优良的创新教育环境，只有在宽松自由、有章有序的教育环境下，创新者的潜能才会得到最大的发挥。按照高校创新环境的构成要素和作用形式不同，可以将高校创新环境其分为创新硬环境和创新软环境。创新硬环境主要是指创新教育实践、创新教育活动等开展的物质条件；创新软环境主要包含创新教育的理念、宗旨、革新等内容，一般以思想环境、制度环境、校园环境等形式存在。与之相对应的环境建设目标也可分为硬环境目标和软环境目标。

1. 创新人才教育的硬环境建设

硬环境指的是实施创新教育必须具备的物质条件。高等学校的设立要具备的基本条件包括：有明确的组织章程和机构框架，有符合高校任职资格的教师，有符合国家规定的教学场所、基础设施和设备，有启动资金和稳定的资金来源等。

高等学校创新人才教育物质建设要达到以下标准：

（1）符合国家规定标准

创新人才教育环境建设首先要符合国家标准，具体包括：校园总面积、教学场所面积、校园周边环境、校园内布局、校内建筑等。但是，在我国，一些标准并没有进入公众的视野或者仍处于边缘化地位。一所优秀的高校不仅要在校园总面积、教学场所面积等方面达标，其校内布局、校内建筑等也应该是经过精心设计的，要使生活在校内的师生居住在一个安静明亮的环境中，可以享受便利的生活服务和必要的休闲娱乐，有使用方便的后勤服务系统和机制等。很多世界一流高校已经重视了这一点，如英国剑桥大学、美国哈佛大学、美国斯坦福大学等。世界一流学府都以追求校园环境与自然环境的和谐统一为宗旨，体现在校园规划、校园建筑、校园环境等方面。

（2）有完善的教育教学设施

教学设施是教学活动能够开展、教学目标得以达成所必需的物质基础。教育教学的设施一般包括图书馆、科技创新中心、实验室、实践基地等。高校要实施创新人才教育，先要完善其教学设施，要增加教学仪器设备，加大实验室的建设力度；要根据培养目标完善实验室和实验仪器设备，以满足不同专业教学对实验或实践的需求；要着力建设多形式的创新实践基地、科技创新中心等，以满足大学生对科技创新活动的要求；要不断完善校内基地建设，做好训练中心、体能中心等设施的维护和更新等，以满足校内实践教学的需求；要基于高等教育国际化人才培养的目标建设校园网，并与优质的教育平台合作，为创新人才培养提供先进的教学和科研服务。

（3）具有创新能力的师资队伍

教师是开展教学工作、完成教学目标的主体。一支具有创新精神和创新能力的教师队伍是创新人才教育实施的关键。教师以独特的创新理念、丰富的教学经验、刻苦钻研的精神致力于创新教育工作，是创新人才教育硬件环境的重要组成部分。高等教育创新人才的培养对教师团队的需求不仅体现在数量上，更体现在质量上。在高素质的创新教师团队带领下，学生的创新素质和能力会得到极大提升。优质的创新教师团队会用开放、包容的心态为学生营造民主、自由的创新氛围，会从多视角发现学生的优点加以开发，以此挖掘学生的创新潜力。总而言之，教师在高等教育国际化创新人才教育中发挥着至关重要的作用。因此，高校必须严把教师关口，首先要招聘符合高校任职资格的教师；其次要对在编教师实行严格的评聘制度、考核制度、人才流动管理制度等；最后要做好教师的业务培训、素质培训等，切实打造一支综合素质高、创新能力强的教师队伍。

2. 创新人才教育的软环境建设

随着国家和地方政府及高校自身投入力度的加大，创新人才教育硬环境已有比较明显的改善，但软环境建设发展滞后，严重影响创新人才的培养。因此，必须重视软环境建设，只有软环境建设与硬环境建设相辅相成，教育才能承担起崇高的社会使命，才能在实施科教兴国战略中发挥应有的作用。

创新人才教育软环境建设主要从以下方面展开：

（1）有科学的学校定位与先进的办学理念

学校定位主要依据社会发展和经济建设的需要，以社会需求为导向，依据学校的条件及现有实际情况和水平，还需要考虑学校发展的潜力。学校定位包括总体目标定位、学校类型定位、层次定位、人才培养目标定位、人才类型定位、服务面向定位等。学校定位要体现自身的特点，要有个性，不能是放在哪个学校都合适。学校需要明确办学思想、科学定位、办出特色、办出水平。找准学校在人才培养中的位置，一方面要明确学校在国内外同类高等学校中所处的地位；另一方面要明确学校在国家培养人才的战略任务中应该承担怎样的任务，这对能否培养创新人才至关重要。

（2）有科学规范的管理

管理的科学化、现代化与规范化是科学管理的本质要求。行之有效的管理体制、具有激励作用的运行机制和健全的规章制度是促进科学规范管理的重要保证。随着社会的不断发展，社会对创新型人才的要求越来越高，因此，必须加大力度建设培育适合创新型人才成长的软环境，构建公平、竞争、激励、创新的制度环境。就高校而言，制度建设主要包括行政管理制度、教学制度、学术制度等方面。

（三）高等教育国际化创新人才培养环境的评估

创新人才教育环境评估是指以创新教育价值观、创新人才观和创新人才教育环境目标体系为依据，运用一定的科学方法和技术，解释创新人才教育环境的状态变量，对创新人才教育环境的人本价值和社会价值进行评鉴和判断，并为创新人才教育环境建设导向、激励和改进提供信息反馈的过程。高等教育国际化创新人才培养环境评估主要有以下几方面的作用与意义：

1. 推动教育理念的创新

高校要推动教育理念的创新，进一步明确创新指人才培养规格。创新人才教育环境评价是指对创新人才教育环境的人本价值和社会价值进行评鉴和判断。创新人才教育环境可以分为硬环境和软环境，硬环境是指学校教育的物质条件，软环境包含教育的理念、传统和教育改革创新等方面的内容。教育理念创新是教育软环境最主要、最核心的内容，是学校教育的指导思想。通过评价，学校可以发现教育理念、指导思想上的偏差和不足，及时调整。创新人才教育是素质教育重要组成部分，是"以人为本"的个性化教育。

2. 推动教育教学改革

高校要推动教育教学改革，进一步完善创新教育体系与教育课程体系。创新人才教育环境评估十分重视衡量人本价值的实现程度，特别是对创新人才教育软环境——教育教学改革与发展的评价，着重考虑如何培养创新人才所具备的创新意识、创新思维、创新能力和创新品格等方面的素质。高校通过评价、实践和探索，对包括教育、教学体系的教育环境进行价值判断，并为促进创新人才教育环境的建设提供信息反馈，最后推动教育教学改革，构建创新人才培养体系和创新教育课程体系。创新人才培养体系和创新教育课程体系以全面提高学生的创新精神为宗旨，目的是促进学生主体性和创新精神的发展，促进学生创新潜能的发掘，促进学生创新责任的提高，促进学生健康个性的形成，最终培养、造就创新人才。

3. 推动教育设施建设

高校要推动教育设施建设，进一步优化育人环境与氛围。教育教学设施是创新人才教育环境的物质形态，是培养创新人才的物质条件。高校通过创新人才教育环境评价，可以发现"物质条件"存在的不足。环境与氛围是一种在一个群体中人们互相影响导致同化的力量。一个人置身于特定的环境中，久而久之，就会受到熏陶而形成与环境类似的气质。因此，有意识地培育、营造一个整体优化的教育环境对于培育创新人才具有重要意义。根据评估的标准与要求，学校的建筑设计、人文景观建设等都要融入大学精神和时代风格，校园的山水、园林、道路、楼宇、景点都要考虑使用功能、审美功能和教育功能的统一。优化育人环境，包括加强有利于培养创新能力和动手能力的教学设施和公共服务体系建设，加强开放教学实验室、科技创新实验室及各类工程中心建设等，以保证学生从事实验与工艺技能训练，加强信息网络、图书资料和服务建设，使学生能广泛获取学习资料和信息。总而言之，创新人才教育环境评估可以推动教育环境建设目标的实现。

二、高等教育国际化创新人才培养策略与路径

全球经济一体化的进程在不断加速，不仅是资本在全球资本市场中的流动在加速，人才的跨国流动同样在加速，市场对国际化人才的需求已经成为必然。所谓国际化创新人才，是指在全球一体化的竞争环境中能够有效地识别、把握市场机会，占据主动地位的人。国际化人才具有一定的专业教育背景，拥有专门的技术和执业资格，通晓国际相关的法律和制度，有较高的外语水平，能够熟练沟通，适应性强，视野广阔，具有全球化视角。

高校在培养国际化创新人才时，应注重两个方面：一是使学生逐渐增强全球化意识，理解全球范围内政治、经济、文化等的相互依赖性；二是通过学习使学生逐渐掌握在全球市场环境中参与竞争所需的专业知识和技

能。国际化创新人才培养是人才国际化进程的重要组成部分。人才国际化是一个过程，是一个以人为载体，使全球各国家、各地区的文化相互学习、相互融合、取长补短的过程。关于高等教育国际化视阈下创新人才培养路径，需要注意以下几方面：

（一）树立高等教育国际化观念

观念是各种政策制度形成的思想基础和文化土壤，深刻地影响着个体的行为和政策的实施。国际化观念是指人们对国际化的认识和看法。高等教育"新国际化"时代随着经济全球化受到更多人的重视。所有高校在一定程度都必须国际化。国际化的知识和技能已不仅仅是未来与国际事务有关的专家的任务，而或多或少成为普遍的要求，已进入多数专业之中。显然，不能再将国际化视为一流高校或专家特有的任务，所有人都需要尽快转变观念。高等教育的各种利益相关者都应重新认识国际化。高等教育的决策者应意识到国际化涉及各种类型的大学，即重点大学、普通大学和高职院校都应考虑国际化的问题，每一个专业类型人才的培养都应具有国际竞争力。高等教育的工作者应理解国际化已不局限于外事工作或留学交流，而尽可能将国际风范融入日常的教学和行政工作中。学生应了解经济全球化对人才的更高要求，要形成多元的文化理解力和具有国际水准的专业知识能力。社会人士应将国际性视为高校应有的品质。推进国际化策略理应成为高校的中心业务。

（二）加强高校产学研合作教育

1. 产学研合作与创新人才培养联动构建

产学研合作通常是企业、科研院所和高校间以企业的创新技术需要为动力，通过与合作参与方的创新合作行为，优势整合分配创新资源，进行高效的技术创新的过程。而创新型人才通常都是具有开拓性创新能力，能够获得关键领域的技术突破性创新，并且能够对社会发展做出突出贡献的人。所以，整个产学研培养过程是新型人才发现和发展的重要途径，两者之间有密切的联系。

从产学研合作的主体看，产学研合作由多元主体构成，其主体可以是校企双方，也可以是政府、高校、企业、金融、科研院所和中介机构等。高校、科研院所和企业是产学研合作培养创新人才的主力，其科研水平的高低直接影响产学研合作培养效果。

2. 产学研合作培养创新人才的运行机制

产学研合作培养创新人才的运行机制如图 5-4 所示。

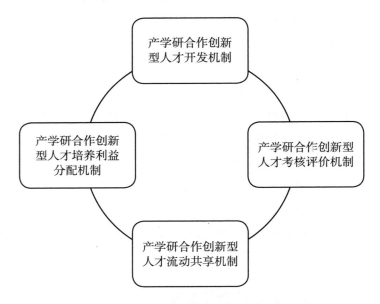

图 5-4　产学研合作培养创新人才的运行机制

（1）产学研合作创新型人才开发机制

建立健全产学研合作创新型人才培养开发机制的目的是形成较为完备的人才晋升通道，形成培养多元化、个性化、复合化的人才机制。产学研合作创新型人才开发机制重点在于：做好创新型人才的职业规划工作，注重创新型人才的培养过程，建立产学研一体化的人才开发模式。

（2）产学研合作创新型人才考核评价机制

合作主体应建立考核和协调机制，在人员调配、岗位职责、项目执行、绩效考核和奖惩激励等多方面构建考核评估协调机制，从而完善产学研合作制度。基于这些制度，明确产学研合作主体各方职责和义务及行为准则，保障参与主体的合法利益不受侵犯，构建评价指标体系。此外，合作主体需在人员变动、协作方式、知识产权、资源对接和利益分配等多方面构建协调机制，进而解决合作过程中可能出现的矛盾和冲突，实现产学研合作的制度化。

（3）产学研合作创新型人才流动共享机制

创新型人才往往是产学研机构中的高端人才和高层次人才，这些人才有强大的创造能力，具有较大的流动性。要建立健全的产学研合作创新型人才流动共享机制，需要健全人才流动机制，发挥人才市场作用；完善产学研合作创新型人才培养的流动机制，设立合理的退出机制。人才共享是在不改变人才原有身份的前提下，通过有偿使用、平等协商、利益驱动、市场定位、政府引导等形式实现多部门的人才共享，资源知识多方利用的机制。产学研合作创新型人才共享机制是在人力资本长期发展和管理过程中创造出的新范式，有利于人力资源能力的最大化。

（4）产学研合作创新型人才培养利益分配机制

人才合理使用的关键问题就是要实现人才资本的价值与其付出相匹配，让其获得与其贡献对等的酬劳。在产学研合作过程中，对于创新型人才产生的经济利益要依据合理的方式进行分配，这也保障了人才的相关权益。同时，需要进一步创新收入分配机制，探索实行按劳定酬、按任务定酬、按职责定酬、技术承包和岗位工资制度等，实现工作业绩与经济效益有机结合，使分配向优秀科技人才倾斜，在保证优秀人才良好发展的同时保证其经济利益。

（三）进入高等教育活动具体过程

国际化的观念与运行机制形成后，只有在进入高等教育活动的具体过程后，才能达成实际效果。课程与教学、科研活动、招生与管理是高校培养人才的主要内容。国际化策略应具体体现在这三个过程之中。

课程与教学是高校培养人才过程中最为具体和复杂的环节。在新国际化时代，一个具有国际维度的课程已不再仅具有附加价值，还被视为课程质量的保证。具有国际维度是课程得到国家认证和国际认证的一个条件。如何在课程中体现国际维度？就目前而言，在课程中体现国际维度并不是指关于其他国家的学习，而是指对其他文化进行学习。这种学习的真正价值是增加人们对文化的反思和理解，以及在国际环境中以不带偏见的态度处理文化差异的能力。这就要求高校开设多元文化方面的课程，以便培养学生的文化意识和反思能力。

与课程相比，科研活动国际化的重要性得到普遍认同。尽管当前中国高校科研活动的国际化程度有了较大提高，各种国际合作研究的课题有所增加，但值得注意的是，学生参与此类科研活动的人数仍然受到了限制。参与国际性的科学研究是培养学生创新能力的绝佳机会，为此，高校需进一步发展科研的国际合作，尤其应创造机会使更多的学生从中得到锻炼和提高。

招生与管理的国际化仍是高校办学比较薄弱的方面。其中，不论是对国际学生还是对本土学生的管理，大都沿用了比较封闭的模式。在多数高校中，国际学生与本土学生的管理仍是完全不相接的，无形中减少了学生在校进行国际交流的机会。这就需要高校在学生管理上做整体的规划，使本土学生与国际学生有更多的接触和了解，使他们共同生活在一个文化多样的环境之中。

第六章 "双一流"建设背景下高等教育国际化的路径创新

第一节 "双一流"建设背景下高校学科内涵式建设

一、"双一流"建设与高校学科内涵式建设的实践关联

高校学科的内涵式建设理念不仅关系到学术产出质量，也关系到人才培养质量，以及学科各要素之间的良性互动和共生共促。高校学科内涵式建设直接影响高校建设一流学科，进而影响高校建设一流高校的步伐。

（一）一流学科建设的关键：提升"质量"

"从大学和学科的关系来看，学科是大学的细胞，一流大学以一流学科为载体，没有一流学科为基础，就不可能有一流大学"[①]。"双一流"

---

① 吴佳欣."双一流"建设背景下大学学科内涵式建设研究[D].武汉：武汉理工大学，2018：14.

建设方案的推出是引入竞争机制的一种创新的尝试，目标是克服以往的重点高校、重点学科建设政策导致的"身份固化"不足。如果高校整体建设为"面"，学科建设为"点"，那么现今政策就应由"以面为主"转变为"点为基础，点面兼顾"。在此背景下，一流学科的建设在我国高校追求一流大学目标的进程中显得尤为重要。世界一流大学往往是由若干一流学科引领相关学科而形成多个优势学科群的大学。

从学术标准来看，一流学科有两个标志：一是产出一流学术成果，具有一流科研水平；二是培养出一流的人才，实现出色的教学。世界一流学科应具备帮助解决人类社会面临问题的能力，还应具备影响和推进人类社会进程的能力。世界"一流学科"建设可表述为：建设世界一流的学科组织，提升学科学术成果产出质量，在教学、科研和服务社会以及文化传承和创新上具有卓越的表现。关于一流学科内涵和标志的表述突出了培养人才、学术水平和社会服务水平等的重要性。一流学科的建设并不是强调其外延，而是强调以"质量"为核心的内涵式建设。学科建设的"质量"，体现在其在实践进程中所满足社会、政府、公众对学科要求的程度，不仅包括数量的增加和规模的提升，还包括全方位的结构和效益的提升。由此可见，"一流学科"在对学科的人才培养、科学研究、社会服务等职能的要求中蕴涵了一个关键点——质量的提高。换言之，将学科建设的重心从注重"量"的增加转移至"质量"的提升上来，是建设一流学科的必由之路。

（二）学科建设模式转变：从外延式建设到内涵式建设

在我国，学科被划分为一级学科和二级学科，这些学科在之前又被分为重点学科和非重点学科，重点学科在大学排名中占有举足轻重的地位，甚至已经达到体制化的规模。"双一流"建设的政策导向是扶持优势学科和强势学科，其宗旨是促进学科内涵式发展、提高学科建设质量，其建设目标是高校与学科齐头并进、共生共促，其政策内涵是推进大学学科建设模式转变、促使学科内涵式发展，进而提升高等教育的整体实力。

从逻辑上讲，要想推进高校学科建设模式转变，先要厘清何谓学科内涵式建设。学科内涵式建设是以推动学科内涵式发展为导向的学科建设实践。内涵式发展是相对于外延式发展而言的，内涵式发展强调提升质量、优化结构、提升效益、凸显特色，其本质是以事物的内因为发展动力。外延式发展的重点在于增加数量、扩张规模，其本质是以事物的外部因素和环境因素为动力。从发展模式层面来看，不同于外延式发展，内涵式发展模式表现为学科内部因素的发展，如质量的提高、结构的优化、水平的提升、效率的提高等，是以事物的内因、结构效益作为驱动力的发展模式；外延式发展是以事物的外因作为推动力的发展模式，通常指事物外部显现的延伸，如规模的膨胀、投资的扩大、产出的增加、数量的增长等。在"双一流"建设背景下，建设一流学科更注重学科整体水平的提升，关注学科资源配置的优化、利用效率的提高，而非盲目的倾注大量学科资源，导致学科资源冗余。简言之，在当今政策背景下，高校学科建设模式转变就是使学科建设模式实现从外延式建设模式转型为内涵式建设模式，其建设重心要从学科规模和数量转变为学科质量、特色和效益。

二、"双一流"建设下高校学科内涵式建设的路径保障

高校学科内涵式建设是指学科功能水平的提升及学科相关要素品质的优化和改善。"双一流"建设强调了一流学科建设的重要性。内涵是方法也是路径，是为学科发展目标服务的，这就要求我国高校在学科内涵式建设实践过程中，借鉴世界一流大学学科建设的经验，结合国情、校情，选择适宜实际情况的学科建设路径，并建立相关的保障体系。

（一）高校学科内涵式建设的路径选择

高校学科内涵式建设的路径选择如图6-1所示。

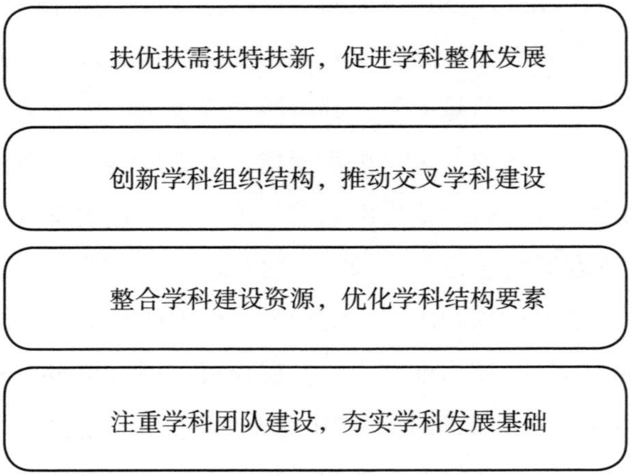

> 扶优扶需扶特扶新，促进学科整体发展

> 创新学科组织结构，推动交叉学科建设

> 整合学科建设资源，优化学科结构要素

> 注重学科团队建设，夯实学科发展基础

图 6-1 高校学科内涵式建设的路径选择

1.扶优扶需扶特扶新，促进学科整体发展

"双一流"建设强调引导和支持高校学科发展方向更集中，学科结构更优化，学科建设重点更突出，学科组织模式更新颖，以学科为抓手，带动高校突出特色、发挥比较优势。这就要求我国高校在学科建设过程中，首先，要确定优先扶持、重点扶持的学科，以打造学科的比较优势、整体优势；其次，要注意扶持优势学科、社会需求较大的学科、特色学科、新兴学科，以单个学科为切入点，带动学科群的发展，进而促进学科整体的规模、质量、结构、效益协同发展。

第一，资源适度向优势学科和社会需求较高学科倾斜。学科的发展是无限的，但是学科资源的投入是有限的，即使在同一个学科领域内也有不同的学科发展方向，任何一所高校都不可能以现有学科投入要素使所有学科或所有学科方向均达一流水平。世界一流高校也并非意味着其每个学科都为一流学科。世界一流高校必然拥有若干世界一流学科，但并非一流高校的全部学科都做到了世界一流。世界一流高校拥有卓越学术声誉的原因，在于其拥有若干个得到国际公认的"特色学科""王牌学科"，这些学科存在于学校的主干学科、优势学科中，为高校的人才培养和科学研究提供了坚实的支撑力和源源不断的动力,以确保高校的整体水平位居世界前列。

所以,高校在学科建设实践中也应秉持"有所为、有所不为"的方针,学科投入资源适度倾斜,选择本校最具有比较优势、最契合社会前沿需求的一两个学科重点发展,率先突破,以形成特色。从世界层面而言,在确立学科发展的优先度时主要考虑三点因素:一是学科品质卓越。投入学科的资源能使学科在国内外占据领先的地位。二是社会需求迫切。有些学科尚未获得卓越品质,但是能为人类做出贡献或是契合国家重大战略需求。三是交叉学科、资源投入能带动整个交叉学科群的发展。

第二,除了对学科已有优势予以扶持之外,具有较大潜力的特色学科和新兴学科交叉学科也是学科内涵式建设所应关注的重点。学科发展受内动力和外驱力的共同作用。学科建设不仅要重视内动力,即遵循学科自主发展的逻辑规律,也应重视顺应外驱力而生的新兴学科。在当前高等教育迅速发展,国际竞争愈发激烈的情况下,学科建设的内外部环境时刻都在发生极大的变化。突出重点,不仅建设已有的优势学科,还应重视建设具有特色的学科和基于特色学科衍生的新兴学科。高校应根据国内外学科建设大环境,本校学科发展的特点与优点、历史与现实,学科梯队的构成,来选取重点倾注资源的新兴学科、强势学科。高校要秉持"有所为,有所不为"的理念,优化学科资源配置,挖掘潜力,建设优势学科和新兴学科。

2. 创新学科组织结构,推动交叉学科建设

学科建设要在保持已有学科优势的基础上,鼓励交叉学科的发展。国外一流高校也充分重视跨学科、交叉学科的合作,大力发展跨学科研究中心,研究前沿问题和复杂问题,以培养拔尖创新人才。因此,高校有责任为交叉学科提供制度环境、建立组织依托,以支持新兴学科和交叉学科的发展。虽然各院系机构是相对独立的组织,但在同处于一个学科群中的若干组织,相互协作是提升学科组织功能,使学科要素产生"1+1 > 2"合力的关键。高校可以结合学科建设实际情况,对学科组织结构进行创新,以内涵式建设为宗旨,以"双一流"建设为导向,使交叉学科与传统学科

建立共生机制，使传统学科与交叉学科不再是此消彼长的关系。

学科可被视作一个相对完整的生态系统，学科系统内各个学科之间都存在着共生和竞争机制。某一学科水平的提升会带动其他学科的发展，从而提升整个学校层面的影响力和学术声誉。其他学科与整个高校在该学科发展的过程中都是受益者。此外，单个学科的发展可产生"牵一发而动全身"的效应，特别是相关学科或交叉学科会因学科间的物质、能量和信息交换而得到进一步发展，进而促进高校学科整体实力的提升。高校可通过建立多元化的学科平台以及跨学科、交叉学科平台，为学科内涵式发展提供良好环境。交叉学科平台为高校的人才培养、科学研究、创新力提升提供了良好平台，也为整个学科发展注入强大的驱动力。例如，美国麻省理工学院从建校至今，建立了诸多世界知名的学科平台，拥有美国最高机密的林肯实验室、位于世界顶尖水平的计算机科学及人工智能实验室、汇集世界各类顶尖科技的麻省理工学院媒体实验室，以及各种跨学科实验室和研究中心。这些学科平台得到社会的多种支持，成为麻省理工学院某一学科或多个学科开展科研活动、教学活动和社会服务的支柱。"以学科交叉促融合创新"是麻省理工学院学科结构基本稳定后的建设理念。各种形式的跨学科组织是促进其学科内涵式发展的主要基地，不同学科教授晋升的一个关键因素就是他在交叉实验室中的工作成绩。正是多学科知识交叉融合的学科组织，为麻省理工学院一流学科的诞生和发展提供了良好的平台。

3. 整合学科建设资源，优化学科结构要素

高校教学、科研和服务等活动的结合点和基础均在于学科，学科发展状况在一定程度上体现着高校的人、财、物等投入要素的配置状况，学科资源分配现状代表着高校对整体资源的统筹运作能力。以学科内涵式建设为抓手是高校优化资源配置，推进"双一流"建设的重要途径。高校应通过学科内涵式建设，达到学科规模、质量、结构、效益的协同提升；要将优势资源注入特色学科、潜力学科，打造学科的比较优势，优化学校资源利用效率，优化学科内在要素结构；要优化学科要素结构，整合学科建设

资源。"双一流"建设的目标之一就是促进高等教育内涵式发展，而学科内涵式建设则是高等教育内涵式发展的重要一环。

学科内涵式建设的主要措施是通过投入要素的合理配置和高效利用来推动学科结构要素的快速、高效发展，进而提升学科功能要素的发挥。在高校层面而言，各学科共处于同一所高校之内，拥有共同的学科资源，在发展过程中必然存在着竞争。然而，高校资源有限，在过去的学科建设中，某一学科占用资源过多，会对其他学科资源产生"挤出效应"，造成各学科之间出现隔阂而形成"零和博弈"的局面。高校学科建设应注重资源整合和利用效率的提高，应通过制度创新和内部挖潜来推动效率的提升。那些学科资源利用效率不高的高校应更加注重整合学科建设资源，优化学科资源配置。

4. 注重学科团队建设，夯实学科发展基础

（1）注重学科带头人发挥的领军作用

一流的学科团队是高校追求卓越的基础。高校要重视高端人才在学科建设中的战略意义，打造学科建设的核心竞争力。人力资源是学科建设最活跃、最具创造性的资源。学科梯队是推动学科发展的关键。打造特色鲜明、结构合理的学科队伍是学科提升人才培养质量、提高科研产出水平、推进学科内涵式发展的重中之重。一流学科的打造必然基于一流学科队伍的构建。高校应以优势学科、新兴学科和特色学科为导向，有计划地开展高层次人才培养和引入工作，加大"扶优"和"扶需"的政策倾斜力度。在学科带头人的引领之下，增强学科团队整体实力，以达到学科水平全面提升的目标。

（2）注重学科团队的合理结构和未来发展

高校应从教师人事政策改革入手，根据学科建设需求确立实际的聘任制度。在学科团队评价上，高校应注重内部评估和外部评估相结合，在人才培养、科学研究和社会服务三个维度综合评价，保障评价程序的客观性和适切性。同时，高校应关注青年教师的职业发展，重视其能力的培养。

学科团队建设应与学校学科建设战略规划和实际情况相结合，良好的学术团队对学科内涵式发展具有举足轻重的作用。

（二）高校学科内涵式发展的保障建设

高校学科的内涵式建设不仅应通过扶持特定学科、创新组织结构、整合学科资源、重视团队建设来实现，还应通过大学综合改革、营造学科文化氛围、推进制度创新、改良学科评价标准来实现。高校学科内涵式发展的保障建设如图6-2所示。

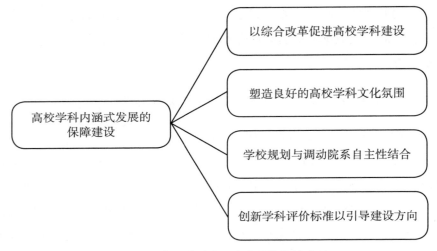

图6-2　高校学科内涵式发展的保障建设

1. 以综合改革促进高校学科建设

学科建设凸显的拔尖创新人才培养问题、教研结合的问题，归根到底是高校人才培养模式改革和高校科研模式改革的问题。深化高校综合改革可作为学科内涵式建设的强力助推器。当前高校学科建设以"双一流"建设为大背景，"双一流"建设方案意在以财政资金推动不同类型的高水平高校和学科差别化发展。"双一流"的评定周期为5年，动态评定的机制利于在学科建设中促成优胜劣汰。这种动态的评定机制要求我国大学因时而变、因势而变，掌握内外部环境的变化趋势，及时深化高校的综合改革，在人才培养模式、科研管理模式、人事政策、组织架构、经费配置模式方面做出适时适度的改革,以高校综合改革促进学科的内涵式建设,为学科内涵式建设提供优良的环境和充足的动力。

在深化大学综合改革的过程中,要坚持以教学改革为核心。高校学科内涵式建设的关键就是发挥好学科的人才培养职能。高校在办学实践中,应该以人才培养为中心和前提来开展科研、教学和社会服务。教学职能是先于科研和服务而产生的高校的本体职能,科学研究和社会服务则是在教学基础上出现的派生职能。高校在学科内涵式建设中,最重要就是重拾以教学为本的理念,使学科建设实践回归教学轨道上来。教学改革应兼顾教学方法、教学内容和教学技术的改革。在教学实践中,不能割裂学科与学科间的联系,也不能忽视交叉学科课程、通识课程和人文社科类课程在人才培养体系中的地位。在教学方法层面强调学科教学方法的多样化;在教学技术层面要紧跟教育技术变革的步伐。总而言之,要更好地推动高校学科内涵式建设,必须以人才培养为中心,深化大学综合改革,使学科建设的重心回归本质。

2. 塑造良好的高校学科文化氛围

学科文化的熏陶能够促进学科内涵式建设。"双一流"建设的任务之一便是传承创新优秀文化。学科文化是某一学科所独有的学科知识、规训制度、群落生活状态和学科思维的总和。学科文化为学科内涵式建设创造了良好的氛围,奠定了文化基础,使高校将学科建设的重点放在内涵式建设上。学科文化构成了学术环境中独特的场域,是塑造学科教师队伍核心价值取向的关键力量。世界一流高校的学科建设也离不开其独特的学科文化氛围,主要包括教学文化、科研文化和跨学科文化。例如,美国麻省理工学院在历史积淀中形成了以本科教学和调动学生积极性为主的教学文化氛围;而师生共建的研究型教学实践中又形成了创新思维、批判思维、问题解决和实践为学生的终身智力发展而教学的文化氛围。众多的研究计划在其学科建设中形成了浓厚的科研文化氛围。麻省理工学院跨学科的文化已经深入到校园的每个角落，特别是渗透到在跨学科的科研平台和研究项目中。跨学科的理念体现在规则的制定中，体现在人与人的交往中，从而形成了独特的跨学科文化。

学科文化对高校学科内涵式建设起着规训、濡化和凝聚的作用。学科内涵从最初的知识分类到组织形态，其规制性逐渐强化。基于知识分类和知识组织而形成的价值判断模式逐渐形成学科发展的底层力量，进而控制着学科话语体系的生产。学科知识和学科规制共同构成了学科的"话语体系"，学科话语体系的排他性使得学科在生产知识、传播知识和实践过程中不会轻易越界。学科文化的濡化作用是指作为学科成员共同价值观的学科文化由外而内被成员内化吸收的过程，不仅是适应和认同，更是教化和主动传播。成员身处学科文化场域之中，必然受到学科文化的潜移默化，从而逐渐熟悉并熟练运用既定学科的范式，认同其价值、遵守其规则，学科文化通过代际传播而得到传承和发展。教学活动也是学科文化得以传播的重要途径。学生通过教学活动习得知识。在学习知识的过程中，一种具有规制性的监督关系被融入教学实践的方方面面。在这种监督和规制的关系中，学科思维逐渐被学科成员内化，从而外显为学科行为。学科文化的凝聚作用是指学科成员基于对学科知识属性、功能和运行方式的共同认同，而愿意成为该学术组织的一员。从根本上而言，一流高校的建设根源于其一流学科的建设，而其一流学科根源于其对学科内涵式建设的重视，以及由此而生的学科文化。

3. 学校规划与调动院系自主性结合

从学校层面而言，学科建设往往由学校牵头规划并制定学科建设制度而下达至院系层面，再加以具体实施。但是，以学校规划为主导的自上而下的学科建设模式限制了院系层面的自主性，院系难以根据学科建设的实际环境和进度做出适时、适度的调整。鉴于学科内涵式建设要兼顾全局性和针对性，高校在制定学校层面的战略规划时，应将一定的自主权下放至院系层面，发挥院系学科内涵式建设的能动性，调动其积极性。

基于学科内涵式建设的需求，首先要建立学校层面的统筹性机构。该机构主要负责学科内涵式发展战略层的制定与战术层的实施，并在不同院系、学科、专业之间建立联动机制和有效沟通渠道。其次，注重调动院系自主性，重视交叉学科的建设和发展。

学科内涵式建设与院系发生联系的情况有：一是院系层面设立专门提升学科建设质量的机构；二是学校层面设立学科内涵式建设组织；三是学科内涵式建设的部分活动指导权下放给院系，部分由学校层面的机构统筹管理。具体实践模式需结合高校实际状况。不同管理体制、不同学科特点的学科内涵式实践模式必然有所区别，要做到因地制宜、因校制宜，在传承中创新、在创新中传承。

学科内涵式建设管理机构的管理模式可自下而上、自上而下或上下联动。自下而上的模式有利于调动院系积极性，引导院系进行自主探索，保障学科建设方案的适切性。自上而下的模式有利于提升管理效率，也有利于发挥整个学校层面学科组织的联动性。无论采用何种管理模式，行政手段的保障与院系层面的自主性和积极性都是不可或缺的。

4. 创新学科评价标准以引导建设方向

学科建设中出现的"重科研、重数量"的倾向，归根结底是学科评价标准过于强调量化评估的结果。在我国当前高等教育环境中，"双一流"建设与第四轮学科评估的评价标准在过去的评价标准上进行了优化，引入了质性评价标准和第三方评价机构。在以后的学科建设中，高校需要继续优化评价标准，使评价标准保持客观，利于高校在学科建设中进行有针对性的反思。评价标准要以立德树人为根本，引导高校将提高人才培养质量作为学科建设的核心任务。要通过系统调研凝聚各方共识，不断构建和完善"师资队伍与资源""人才培养质量""科学研究水平""社会服务与学科声誉"的评估指标体系，全面反映学科建设和高端人才培养的内涵和特征。

学科评价应在评价标准、评价主体和评价手段上进行全方位的创新，对学科建设方向起引导作用，而非仅作为"标杆"。学科评价创新要求高校根据学校总体发展目标和学科内涵式建设的任务，丰富评价主体，调动校内外资源，对学科的结构、人才培养、学术产出和社会声誉等进行全方位评价。学科评价标准创新的宗旨是更好地服务学科内涵式建设，应做到以评促建、以评助建。高校学科内涵式建设必须以学科创新为基础，既要遵循学科内在发展规律，又要考虑社会经济发展需要，尤其要将学科建设与为现代化建设和服务我国社会结合起来。总而言之，在学科评价标准的选取和创新中，要积极发挥评价标准的引导作用，使高校将注意力集中在学科建设的优势、不足、机会和改进点上，使学科评价对高校分析学科布局、建立高水平团队、优化资源配置、构筑良好学科生态系统产生积极意义。

第二节 "双一流"建设背景下高校双语教学路径创新

"双一流"是"世界一流高校和一流学科"的简称，是继"211""985"之后又一国家战略，旨在提升我国高等教育的综合实力和国际竞争力。"双一流"建设的总体目标是建设一流高校和一流学科，且对课程建设提出更高标准，而一流专业的建设是实现此目标的基础途径。"双一流"建设背景与全球化大背景交融，外语无疑是促进这种交融实现必不可少的纽带，尤其对一流专业、一流学科的建设发挥至关重要的作用。在新形势下，高校双语教学更多的是发挥跨文化、跨学科、跨地域的交际作用。以此为出发点，国家、政府、高校、教师等主体应履行不同的职能，针对自身在高校双语教学中的不足做出改进，以培养专业化的外语人才为共同目标，最大限度地促使我国高等教育事业与国际接轨。

一、"双一流"建设背景下高校双语教学的现实意义

在"双一流"建设背景下，"高校双语教学举措涉及学科建设、课程教学质量和教育国际竞争力等，在促进各举措共同发展过程中能够发挥基础和源头作用，更具有深远的现实意义"[①]。

（一）促进学科建设的客观要求

学科建设被视为高校工作的龙头，在"双一流"建设背景下，高校双语教学注定是学科建设的另一发展方向。许多高校极为重视学科建设对双语教学的促推作用，开始成立专门的学科建设和管理系统，彰显其重要性。高校双语教学将外语与专业学科相结合进行教学，是将双语模式与学科建设相融合的一大举措，使各专业领域的国际化人才能够游刃有余地使用多种语言，尤其是英语同国际同水平或者更高水平的人才交流，以加强高等教育强国建设的重要影响力。同时，在学科建设的客观要求下，越来越多的学生选择出国深造，高校双语教学能够从不同程度满足学生学习需求，提升学科建设的规格，保证学科建设及时与国际接轨。

（二）提高课程教学质量的必要途径

在"双一流"建设背景下，国内各行各业加快与国际接轨的速度，对既精通专业知识又精通外语的高素质人才需求更加迫切，课程教学质量亟须提升，而高校双语教学是实现这一目标的必要手段。现阶段，部分一流高校严格坚持"国际导向"，教师运用外语讲授基础课程，引进了国外先进的教学理念，开设有助于区域文化理解的国际化课程等，基本能够让学生准确理解和掌握内容背后的逻辑思维、文化渊源和实质等，以弥补单一母语教学给学生认知造成的偏颇，无形中给予课程教学质量事半功倍的效

[①]　张芳."双一流"建设背景下高校双语教学路径研究 [J]. 辽宁科技学院学报，2021，23（3）：37.

果，证实了高校双语教学是手段，而非目的的出发点。

（三）提升高等教育国际竞争力的必要要求

高校要深度融合和应用转化，增强双语教学创新实践对社会发展的驱动力，为提升高等教育综合实力培养应用型优秀人才，以弥补现阶段高精尖专业人才不足的情况，这是提升高等教育国际竞争力的必要要求。"双一流"背景下的高校双语教学正是站在全球的高度，以培养具有参与国际竞争能力的人才，为全球化流动和经济贸易运行服务培养人才为战略战术，为高等教育国际竞争力的提升提供不竭动力。

二、"双一流"建设背景下高校双语教学的策略创新

"双一流"建设既为高校双语教学带来新的挑战，也提供了改革的契机，赋予教学目标、资源和方法等创新不竭的生命力，并启发教学评价不断完善，从双语教学各个环节进行改革。在"双一流"建设背景下，高校双语教学的策略创新如图 6-3 所示。

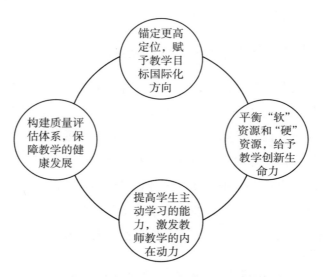

图 6-3 "双一流"建设背景下高校双语教学的策略创新

（一）锚定更高定位，赋予教学目标国际化方向

在"双一流"背景下，高校双语教学应锚定更高的定位，将外语能力从知识层面上升至素养层面，将双语教学定位为"为高等教育国际化服务"的推手。在精准定位的基础上，我国应适当借鉴国外成功经验，尤其学习其先进的双语教学理念，并与我国实际情况相结合，自上而下明确双语教学目标。以此为启发，教育管理部门应高度重视高校、教育机构中双语教学国际化理念的彰显，针对专业学科教学一流的院校，扩大双语教学的比例，让外语成为其专业教学锦上添花的有力辅助，助力一流学科以地道外语的方式走出国门，实现国际化；对于专业学科教学一般的高校，实施外语教学与专业学科教学齐头并进的改革模式，通过二者互为促进的方式，增强高校双语教学的综合实力，逐步实现国际化。高校双语教学目标国际化不应再局限于基本的外语交流能力，而应该强调外语与专业知识相融合的跨文化创新能力。

（二）平衡"软"资源和"硬"资源，给予教学创新生命力

随着互联网信息技术在高等教育教学中的渗透，人工智能、大数据等信息教育平台和系统对传统多媒体教学造成了较大的影响，驱使高校双语教学被动或主动引进智慧教学系统。更重要的是，高校应确保双语教学与教学硬件资源之间的黏性，为智能系统服务双语教学打好坚实基础，从源头上避免资源浪费。与此同时，高校双语软件教学资源方面应主要提升教师人力资源的实力，保证教师在双语教学和"双一流"建设中"立教之本、兴教之源"的地位的稳固性。这就要求高校教师应将外语定位为复合型学科，强化自身的外语应用水平，尤其加强专业与英语的融合，必要时由高校或者二级院校组织正规的专业训练，主要考查教师运用外语表达、探究专业知识的能力和思维。同时，教师还应强化双语教学技术素养，掌握云课堂、人工智能教学等技术，在课堂教学或者辅导学生过程中，当遇到突发学术问题时，能够运用技术进行搜索，即时解答学生困惑。高校教师还

应创新教学方法，例如，在传统教学基础上进行适当的延展，挖掘学生对专业知识的理解和思考，将此作为教学设计的重要部分，采用示范课程的方法，尽量与国外类似课程保持相同标准；或者可以与外教合作制定教学任务，共同完成课程讲授，直观展示出双语教学的创新过程和效果，赋予高校双语教学以生命力。

（三）提高学生主动学习的能力，激发教师教学的内在动力

在"双一流"建设背景下，高校双语教学应重视对学生主动学习能力的培养，以激发教师教学的内在动力。当然，这是一个循序渐进的过程。高校及教师应全面、客观审视学生的外语实际情况，在进行双语教学之前测试学生对外语的理解水平，并结合外语能力等级量表，对学生外语综合水平进行记录，据此设置课程计划和课堂教学计划；同时，针对学生对双语教学的看法和兴趣，以及对专业知识相关的外语词汇、语法等的了解程度，选择难易程度与大多数学生相匹配的教材、数字化外语教学资源等。在保证学生有效接受的情况下，教师在教学过程中可以穿插具有较高难度的内容，调动其双语学习兴趣，同时阐释双语教学的实用性和可探索性。还需注意的是，高校和教师选择双语教学学科时，应该优先选择较为成熟的学科，并以相似的较为不成熟的课程作为双语教学试验课，以保证学生尽快适应双语教学模式，同时推动双语教学不够成熟的学科尽快转变为成熟学科，以确保双语教学的整体质量和效果。

（四）构建质量评估体系，保障教学的健康发展

我国高校双语教学处于探索阶段，在不同地区、不同水平的高校呈现出不同的教学结果。面对当前"双一流"建设背景，教学质量评估体系亟须完善，上到政策，下到执行，尤其要以科学的评价指标为支撑。首先，中华人民共和国教育部等相关部门应该将构建双语教学评价体系纳入"双一流"建设政策性文件中，为高校双语教学指明方向。其次，高校应认真贯彻落实国家文件精神，根据学校定位、师资情况和学生情况，成立专门

的双语教学评价管理部门，围绕国家政策制定具体的评价考核指标，并定期对不同学科的双语课堂教学情况进行考核和记录，运用大数据等信息教育技术进行分析，进行有针对性的评价。值得注意的是，高校和教师在完善评估体系时，应适当调研和采纳学生对双语教学的反馈信息，在保证评价主体多元化的同时确保评价标准的完整性。基于此，评价管理部门还应定期分析评价数据和结果，具体论证双语教学在高校教学中发挥的具体作用，以及发生作用的性质和能够产生的影响，从而确定阶段性的评价体系和标准，并以制度规章的形式运用于双语教学评价中，发挥评价激励作用，成为双语教学健康发展的保障。

综上所述，高校双语教学改革是一个时代命题，立足于"双一流"建设背景，更加强调跨文化交际性和应用性，尤其对于应用型人才培养提出了更高要求。现阶段，教育部及高校等主体应从思想理念、教学方法、教学评价等方面意识到自身不足，并进行相应的创新改革，以全面提升双语教学水平，进而为"双一流"建设提供后备力量。

第三节 "双一流"建设背景下高等教育国际化发展路径

"双一流"建设是中国高等教育国际化的重要转折点，也是激发高校办学活力、提升高校国际化办学水平的重要机遇。在知识经济重要性日益凸显、经济全球化更加深入的如今，高等教育国际化已经成为各国发展高等教育以服务经济社会发展的共同选择和追求。高等教育国际化已成为中国高等教育发展的重要战略和重点方向。在"双一流"建设背景下，高等教育国际化发展路径要更突出全球视野，更注重高校参与全球教育竞争的能力。

一、"双一流"建设背景下高校教育国际化发展的策略

"双一流"建设背景下高校教育国际化发展的策略，可以从以下视角划分如图 6-4 所示。

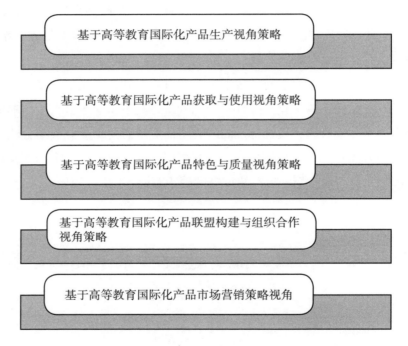

基于高等教育国际化产品生产视角策略

基于高等教育国际化产品获取与使用视角策略

基于高等教育国际化产品特色与质量视角策略

基于高等教育国际化产品联盟构建与组织合作视角策略

基于高等教育国际化产品市场营销策略视角

图 6-4 "双一流"建设背景下高校教育国际化发展的策略

（一）基于高等教育国际化产品生产视角策略

1. 增加国际化理念投入

高校所生产的国际化教育产品，需要国家以及社会各个层面在秉持国际化理念的情况下提供合理的投入，也就是要确保该商品的生产始终带着这种理念。经济全球化为教育国际化发展提供了物质基础、动力因素以及

其所需的各种资源。

高等教育国际化意味着教育资源和信息的共享和交流，是一种新型的办学理念。高校要突破地域的界限，放眼世界，克服传统的保守思想，真正做到以一种全球视角去看待高校教育国际化；要清晰地把握住高校教育国际化发展的立足点，正确处理好三种关系，即区域化与国际化、学习借鉴与参与竞争、内部发展与外向发展之间的关系；还要注意三个结合，即将高校教育国际化的发展与中国教育改革的长远规划相结合，与中国社会经济发展的战略相结合，与全面提高中国教育质量和教育水平相结合。

高校的发展要立足于本国和本地区的实际，站在全球化的高度上。国际化将成为未来高水平高校建设发展定位的重中之重。高校要把握机遇，优化资源配置，深化改革，增强创新能力，构建战略，提高高校的国际竞争力，推进高校的国际化进程。总而言之，教育国际化发展对于扩大高校生存和发展的空间、解决现实性的发展瓶颈有着无可替代的作用和意义。

2. 提供政策与法规支持

高等教育的内部发展动力源自国家，对外进行高等教育合作和交流的重要前提便是建立规范、科学的高等教育体制。为实现国际化政策的稳定性和连续性，大多数国家通常都是以政策、法律、法规和法案的形式把相关的要求和规定确定下来，使其上升为国家意志，从而具备法律效应。高等教育的国际化发展对于国家的教育事业，乃至整个国民经济快速增长会产生长期、持久、良性的影响。政府的政策导向既给高等教育国际化发展提供了方向，也提供了必要保障。与其他教育机构不同，政府所发挥的对高等教育国际化方面的宏观指导和协调作用是无可替代的。

3. 推动办学体制多元化

在办学体制方面，各高校应该在以国家办学为主的前提下，实现多元化办学，从而促进高校教育国际化的发展。多元化办学的主要模式包括民办、民办公助、公立高校整体或者部分转制、公办与民办联合、股份合作制、个人独资、中外合作、国外团体等。

（二）基于高等教育国际化产品获取与使用视角策略

1. 实现教育国际化各要素流动

高校教育国际化发展从流动性角度来分析，主要是通过人员流动、教育项目的流动、服务政策的流动来实现的。

（1）人员流动

人员的国际化流动性主要包括教师和学生两个层面的流动性。只有拥有国际知识和国际意识的教师才能培养出具有世界意识、全球观念并掌握世界科学知识的国际人才。高校应通过"走出去"和"请进来"两种途径，让教师和行政管理干部充分流动起来，学习和掌握教学方法和管理理念。在教师国际化方面，高校可采取"走出去"等多种形式，如选派教师赴海外进行进修、攻读学位、科研合作和学术访问等进行推进。"请进来"，就是请外国专家、教师到中国来讲学、合作科研等。通过交流与合作，高校可以将国外先进的教育思想、教学模式和学科发展前沿的信息等引进来。在"请进来"方面，高校重点还应该加强"引智"工作，可采取聘请相关领域著名学者为名誉教授或客座教授，邀请知名专家和学者来华访问和讲学等方式开展工作。

（2）教育项目的流动

教育项目的流动性主要包括高校既要通过教学理念、教学内容、教学方法、原版教材的引进及修改、课程国际化管理等形式引进国外的优质教学资源；还要加大各专业教材的编译工作，积极推广双语教学和外语教学，使学生尽快掌握国际前沿理论成果并将其应用和参与到国际社会实践中去。高校要使课程体系具有流动性，要将课程分层次区别对待。不同层次的教育机构的课程国际化的目标、要求、形式、措施都应该有所不同，既要从学校自身从发，也要从所处的地域出发，更要从办学方向和培养目标的实际出发。

（3）服务政策的流动

服务政策的流动性主要是指应在多方面实施政策保障措施。高校要尤其加强与国外大学之间开展学分积累、学分互认、学历和学位互认工作。与此同时，高校要确保所提供的高等教育质量和学位水平能够推动服务政策流动。

2. 推进跨境与境内高校合作办学

在世界高等教育交流和发展的路径中，合作办学无疑是一种能较快促进学科、学校、地区乃至一个国家高等教育国际化发展的重要形式。国际合作办学可以使全球教育资源实现较好地流动和共享，使合作双方实现共赢。

高校要积极推进在境外合作办学，要积极走出国门，推销自己，在海外树立形象和教育品牌。国家应给与政策支持，鼓励具备国际合作和竞争能力的高校走出国门，寻求合作办学的机会，向外输出中国优质的特色教育资源，例如，中医药、汉语和传统工艺等专业教育。高校还可以在国内或者海外建立专门工作办公室，安排专业团队进行管理、拓展海外课程、联系和筹备建立海外分校。高校教育国际化的影响也会随着这种合作办学而增强，同时也有利于高校教育国际化进程的推进。

高校应该继续加强和推进在境内的合作办学。高校应该积极引进海外的优质教育资源，与本校优势专业和学科领域进行合作办学。合作办学可以根据合作国家、合作地区和合作高校的具体情况，采取不同的形式开展。高校可以选择在宏观层面进行全面合作，也可以选取一个学科、一个专业甚至一个班级来进行合作。通过多种形式的合作办学项目来不断增加获得双专业、双学位的学生数量，使国外高校优质教育资源与中国高校教育资源找到最佳契合点，最终为高校培养国际化人才。无论是在境外的合作办学还是在境内的合作办学，高校都必须注意认真考察和选取合作的对象和专业，同时要理性地处理好合作办学过程中可能出现的由中外文化差异而带来的一系列问题，努力提高办学效益。

3. 促进汉语推广与汉语国际考试中心建设

汉语学习是了解和学习中国文化的语言媒介。高校向外推广具备中国传统的国际化教育产品的过程中，汉语学习与推广将为获得和使用这种产品提供媒介支持。

高校应该充分挖掘和利用本校和本地区的优势资源，在国家政策的支持下，在相关教育机构的推进下，可以与国外高校合作建立孔子学院、孔子课堂，传播中国优秀的传统文化，积极地向周边国家、地区和高校派出国际汉语教师进行教学和汉语推广。以云南省地方高校为例，因地缘优势，发展同周边国家的高校和教育机构的合作，通过教育援助和教育合作等方式，最终建立起孔子学院，成功地传播了民族传统文化，提高了汉语言的世界影响力。

国际上各种类型考试和能力测试伴随着终身教育和继续教育等理念的出现而逐渐确立起来。这些考试包括计算机等级考试、外语水平测试和专业人才资格认定考试等。

综上所述，汉语作为外国人了解和学习中国传统文化和地方文化的语言媒介，在促进高校的文化交流、科研合作和学术交流等方面起到了至关重要的作用。如果忽视了汉语学习的作用，就等于动摇了我国高校教育国际化的发展基础。

（三）基于高等教育国际化产品特色与质量视角策略

1. 树立特色化办学宗旨

第一，高校可以通过科学定位形成自身的特色，应该根据学校实力来创建国际教育的学科和专业，并且还要明确学科与学科、专业与专业的关系，确定办学类型。高校根据专业学科发展需要，可将办学层次定位于教学型和教学研究型等类型，将有限的财力、人力和物力资源投入到最具价值的层面，实现资源使用价值最大化。高校的人才培养目标主要是为地方建设培养应用型人才。因此，在高等教育国际化的发展过程中，无论是教学模式、课程设置还是实践活动，高校都要以培养具备应用素质的国际化人才为目标。高校身处一定的社会区域之中，区域社会的经济发展和文化水平会对高校提出要求。高校应该在积极地获取社会环境的真实需要后，定位学科设置、专业设置和人才培养，在满足区域社会需要的进程中实现自身与区域社会的互动性共赢。

第二，高校可以通过学科专业特色的形成，推进高等教育国际化的发展。高校在专业和学科设置上应该坚持可为、可不为的原则。由于高校的资源和资金具有有限性，高校更要构建特色专业，突出特色学科和优势学科的发展。高校的特色学科打造应该与传统优势学科相结合，在传统优势学科的基础上进行创新和突破，争取建设具备国际水准的专业和学科。新兴的学科也为高校创建特色学科提供了条件。相关的学科分支可以互相交叉、综合、互相支撑、协调发展而形成特色学科群，逐步形成传统学科与新兴学科相互促进、协调发展的体系。高校在关注热门学科的同时，还应该关注所在区域的现实需求。在教育国际化和科教兴国的背景下，地方区域需要地方高校提供知识和技术资源来实现区域经济的发展。高校也需要利用所在地区的地缘优势，抓住本区域经济增长、体制转换的有利时机，使自身发展成为所在地区的社会人力资源库和国际化发展的辐射源。

第三，高校可以通过大学文化特色的形成，促进教育国际化的发展。高校的生存和发展的重要内在动力就是高校文化特色的创建。学术文化对于高校教育国际化发展至关重要。自高校诞生之日起，学术自由就成为高校的生命之源。高校可以通过在学校开设国际学术论坛、学术讲座和学术报告等形式，实现国内外不同学科和专业学术观点的交流和融合。高校还可以通过召开和安排教师参加国际性学术会议、参与国际科研合作，实现双向国际化交流。此外，建立先进的制度文化对于高校也是至关重要的，国际教育的开展同样要坚持国家的教育方针，要严格遵循国家关于教育的政策、法规，实现依法治教和依法治校，实现高校管理的制度化、规范化和人性化。另外，高校还应该在高等教育国际化的过程中充分发挥民主监督和管理，扩大师生的监督权、知情权和参与权。学校的环境文化对于教育国际化影响深远，国际化的建筑、景观和设施都体现着一所高校的办学理念、办学特色和办学风格。高校的形象文化建设工程对于高等教育国际化也是不可或缺的，上至高校的校旗、校徽和校歌，下至校园文化用品的设计和推广，都可以提高高校的知名度。

2. 走具有本土特色的国际化路径

在推动中国高等教育国际化的过程中，国际化发展必须与我国的教育传统相融合，要坚定地维护中国高等教育的民族性和中国特色化发展。从本质上来讲，高校教育国际化进程的本身也是将国际化的经验和做法本土化的过程。在借鉴和吸收经验的同时，我国高等教育要优化自身的模式，保持优势和特色，显示中华民族的个性。只有立足于本土和本地区文化的高等教育才能在教育国际化的环境中吸纳适合自身发展的先进经验。高校要考虑国家经济和社会发展的实际需要，要为本国和本地区经济和社会发展提供所需的新知识和新技术。

高校在扩大国际学术交流时，应着眼国际学术前沿，建立符合国际标准和世界水平的学科体系，既要培养出具有国际视野和国际竞争能力、知识与能力协调发展的复合型人才，又要加强人文素质教育，使学生具备热爱祖国、乐于奉献等优秀品质。高校建设既要具有国际一流高校的发展战略眼光，借鉴和吸收优秀高校的先进管理理念、民主与科学的决策程序和良好的管理机制，又要突出特色，注重个性化制定适合国家情况、区域情况和高校情况的可持续发展战略规划，从而结合地区社会实际，形成一套适合本土、有利于高校改革与发展的系统制度和运行机制。

不同国家和地区的社会形成的历史过程和文化沉淀都各具特点。在正视不同文化的差异带来的挑战的同时，高校应理性地协调好本土文化与外来文化，理论结合实际，走出一条具有中国特点、地区特色的教育国际化发展道路。高等学校要牢记自己在文化传承和创新方面的责任，要与时俱进地将本民族文化的精华延续并实现创新，为社会的良性发展、国家和地方的经济大发展提供不竭的精神动力和支持。

3. 构建教育质量保障体系

高等教育国际化的发展离不开教育质量的保障，高校要不断地提高教学质量，培养高质量的专业人才，创造高质量的科研成果，高质量地服务于本地区社会，从而实现高校教育国际化的良性发展。

第一，高校要确保拥有充足的教育经费。相对缺乏办学自主权是制约高校在教育国际化过程中保证教育质量的主要因素。高校在保障财政投入的同时，还要利用市场机制的力量客观地解决高校国际化发展经费不足的问题。此外，高校还应该进一步挖掘和拓宽的经费来源渠道，可以充分调动企业、事业单位、社会团体和社区组织以及个人投资教育。高等教育投资还要保证投资体制的多元化，真正使高校的国际化办学条件得到改善。在加快学校改革进程、扩大高校办学自主权的同时，使学校成为国际化办学的主体。在政府发挥宏观调控作用的同时，高校要自由地参与市场经济体制下的竞争，开展自主化办学，提高国际化办学的教育质量。

第二，内外部教育质量保障体系的建立将保证高等教育国际化的实现。对于高校来讲，建立政府＋社会中介组织模式的外部质量保障体系是一种理性选择。在这一体系中，政府是中心环节，既可以直接下设机构对高等教育国际化的质量进行监督和评价，又可以授权社会中介组织对高等教育国际化进行评估。除了一些必须由政府完成的对高校重大教育评估的工作之外，高校常规性和经常性的教育监督和评价工作都可以委托给社会中介组织开展。社会中介组织在结束教育监督和评价之后，可将结果上报教育部门备案，政府又可以以此作为制定高等教育国际化政策的依据。这里所指的社会中介组织可以由民间团体、新闻媒体和行业协会组成。高校还应该自觉地、主动地根据知识发展的需要、国际社会的需求和学生的发展，对高校开展的国际化教育进行自我评估和控制。在自我约束的机制下，高校要实现发展和不断完善。高校还可以从教学质量监控体系、教学管理制度和教学质量标准的建立和完善，构建学校的内部质量保障体系。

第三，不论是高等教育国际化发展的经费投入，还是内外部教育质量保障体系制度化，都明确地规定高等教育质量保障的目的、程序、组织、公布结果、高校与评估组织和机构间的关系等方面内容；最终要实现高等教育国际化质量保障体系内的机构明确分工，也要实现从机构到学校乃至个人的义务和工作职责的制度化。

（四）基于高等教育国际化产品联盟构建与组织合作视角策略

1. 建设教育国际化产品联盟

高等教育国际化发展联盟构建可以通过多种路径来实现。如果根据高校所处地域的视角，那么高校可以建立起区域高校联盟，并且在签署联盟协议的基础上，完成国际化教育资源的共享和共创。如果根据高校所属的行业分类的视角，那么高校可以建立起行业性高校联盟，如石油化工高校联盟、电子信息技术高校联盟等，以联盟的形式共同参与国际同行业高校的交流与合作。此外，各高校也可以提供出各自的优势专业，形成多个不同优势专业共建的大学园。这些专业的生源和教学培养等工作隶属于各高校，而将大学园作为一个整体进行管理，这将为高校所处的地域争取到国际化教育资源提供强大支持。高校还可以针对学生的高层次培养建立研究生教育培养联盟，通过整合研究生导师和学生等教育资源，为联合培养高层次人才开展拓展性工作。无论高校采取何种形式的联盟构建方式，都将使其摆脱在教育国际化发展过程中各自为战的局面，利用国际化教育资源的共享和共建，实现整体性发展。

2. 加强政府、企业与高校的互动与合作

政府、企业和高校三个层面的互动主要体现在产学研领域里。只有这三方在管理、制度和组织方面得到切实地落实和改进，才能最终推进高等教育国际化发展。

第一，从政府的视角来看，从宏观政策规划和资金方面提供支持，使政府、

高校和企业实现产学研合作是极其重要的。政府制定相关管理方法和政策，明确产学研中各方的责任与权利，在知识产权的归属、资金的管理和利益的分配等层面进行协调和规范，可以有效促进高等教育国际化发展。

第二，从企业的视角看来看，提高企业的技术创新能力和鼓励企业参与技术创新联盟是一条合理的路径。技术创新联盟可以实现技术人员对于共性研究域的集群研究优势，使企业不再在自我封闭中开展研究。企业应该建立国际化的考核体系和激励体系。一些大型国际化企业为提高企业内部的技术创新驱动力，可以将技术创新的能力指标运用到考核体系当中去。企业还可以与高校进行共建，在共建工程中使企业更加市场化。针对技术创新的再投入，高校也会实现知识的再创新和科技水平的提高。高校为企业国际化生产和研究提供理论基础，企业国际化的生产和研究反过来又促进了高校理论研究的深化。

第三，从高校视角来看，推进高校教师进企业制度有利于高等教育国际化的发展，同时也将有利于高校获得来自企业的资金支持，以便培养企业需要的国际化人才。高校教师应该开展进入企业的制度化科研活动，并且将这项活动常态化，从而实现高校和企业的和谐发展。高校可以为企业提供咨询服务，间接性地参与企业的发展与规划。高校通过咨询而掌握的信息，也可以根据企业的现实性需要开展国际化人才培养工作。

（五）基于高等教育国际化产品市场营销策略视角

1. 在产品策略的视角下

高校的产品组合宽度主要是指学科的不同门类。在具备办学条件和相应师资的情况下，根据市场的需求，高校力争使所开设的学科与其他高校相比具备一定的竞争力。产品的组合长度主要是指一个学科内拥有的不同专业。高校对于专业布局的设置可以根据市场的导向进行及时调整，使高校满足国际社会的专业需求。产品组合的深度是指不同层次的教育。针对高校的优势学科而言，高校可以选择着重发展硕士和博士教育。高校还可以充分利用品牌策略来发展国际化教育。高等教育国际化的品牌树立需要一个长期的过程，要以市场为导向，以改善软件和硬件办学条件为基础，以师资建设为核心环节，以学科建设为最终目标。终身教育理念和社会的发展，使得成人教育可以与高等教育国际化相结合，在实现经济和社会效益的同时，使高校闲置的资源得到合理利用。

2. 在定价策略的视角下

高校应充分地服务于国内外的消费者，通过合理定位价格，大力发展来华留学生教育。在发展来华留学生教育时，高校一定要考虑所处的地域、专业特点、教学设施建设、师资配备等因素，合理地定位来华留学教育的收费。这些措施既使得不同地域的高校拥有主观能动性，又使得外国留学生根据需求对高校有所选择，高校的国际化教育资源也得到了合理和充分的利用。在中外合作办学的过程中，高校要理性地开展国际合作与交流，要适度的控制学生参与项目需要支付的教育成本。

3. 在渠道策略的视角下

高校可以通过在本土直接进行国际化教育、在海外建立分校或者教学点、远程互联网授课等形式，使国内外的学生接触到这些高校提供的教育。高校可以通过国际合作直接引入国际化的教育资源，使本地区、本国甚至邻国学生不需要到教育输出国，同时只需要支付相对少的教育费用，便可以享受到高质量的高等教育。高校还可以通过在周边国家建立海外分校或者教学点，积极地向外输出教育资源，开设具有我国传统优势的中医药学、汉语言文化、戏曲文学和武术等课程，继而在海外建立孔子学院、汉语教学研究中心、中医药学研究中心，为境外高等教育消费者提供消费。高校还可以利用跨境支付的形式，利用网络远程教育形式向海外传播优势高等教育资源，实现教育资源的共享。

4. 在促销策略的视角下

高校可以选择利用广告策略和公共关系策略来实现教育国际化的发展。高校可以利用广播、电视、报刊、书籍和网络等媒体资源进行优势教育资源的传播，还可以选择与目标合作国家的留学代理机构进行合作，将宣传资料交予代理机构，委托这些机构进行海外宣传与招生。高校还可以直接参与海外教育展，向外宣传教育资源。需要注意的是，高校应该尽量选择相关高校作为教育展伙伴。每所高校都应尽可能具备不同的优势学科，这样可以实现海外教育展效益最大化，减少资源浪费。

二、"双一流"建设背景下一流学科建设国际化发展路径

国际化是世界一流学科的基本特征。世界一流学科往往汇聚了一批具有国际影响力的学科领军人物，开辟和引领着新的研究领域，取得了系统化的原创性理论成果，做出了具有世界影响的重要知识和技术贡献，为社会培养了大批优秀毕业生。"学科国际化"是一个通过开放办学、吸收借鉴国际一流大学的先进理念和模式，延揽世界一流学者，在管理制度优化、师资队伍建设、科研创新、人才培养等方面推进学科的跨越式发展的过程。

（一）"双一流"背景下学科国际化建设的重要性

学科国际化支撑"双一流"建设的重要性有以下四点：

1. 学科国际化有助于完善"双一流"建设高校的管理体制机制

管理体制机制的优化能为学科发展提供良好的环境，使之免受外部因素的冲击和干扰。世界一流大学在教学理念、内部治理、科研管理、人事制度、拔尖创新人才培养模式等方面形成了一整套比较先进、稳定的制度体系，通过学习、对比和参照，为体制机制改革寻求突破口，为办学水平

的提升提供有力保障。

2. 学科国际化有助于"双一流"高校吸引并培育教研人才

通过国家、省市、校内的各种人才引进计划引入具备国际竞争力、创新能力和实践能力的国际领军人才，可以为国内高校的科研发展带来强劲的活力和冲击；邀请海外学者讲学研究、探索教学、科研、管理的新体制，可以将国际前沿科研成果与学术信息带进高校；鼓励高校教师和教育工作者走出国门交流，可以及时获取前沿学术信息，并将其引入教研工作当中。

3. 学科国际化有助于"双一流"高校培养适应新时期社会及产业发展需求的顶尖人才

世界各国的高等教育各具特色，都有值得借鉴和学习的地方。高校通过引进优质的教学资源，教学工作得以进一步完善。学生通过海外实习项目、学生交换项目、中外高校联合培养等方式，可以接触、感受不同的课程体系和内容，体验多元文化，丰富创新思维模式，提升国际竞争力。

4. 学科国际化有助于"双一流"高校提升科研水平

在科技日新月异的今天，面对日益复杂的社会问题和技术挑战，单靠一个国家或一所高校的力量往往难以完成，这就需要高校在科学研究方面进行广泛的国际合作。共建实验室，共同举办国际学术交流活动，共同申请科研课题，共同指导并培养学生，有助于中国高校的科研工作与世界前沿接轨，实现人才、资金和学术思想的交融，进而推动科研水平的不断提升。

（二）"双一流"背景下一流学科国际化的发展路径创新

"双一流"建设背景下一流学科国际化的发展路径创新，主要表现如图 6-5 所示。

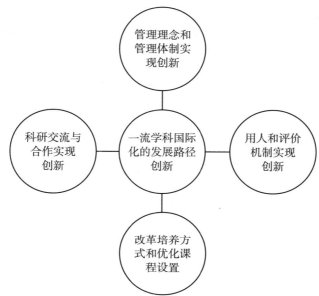

图 6-5　"双一流"建设背景下一流学科国际化的发展路径创新

1. 管理理念和管理体制实现创新

国际化的办学理念和机制建设是有效行动的先导。高校需要国际视野，需要加强学科的国际软环境建设，即建立和遵循国际高水平的学术标准、教学体系和适应国际化的管理体系。

第一，在高校运行机制上，尽可能在尊重自身特色的同时与国际接轨，推动学位体制和管理模式的国际认同和理解，形成稳定、有序的现代高校制度体系。

第二，在教育方法上，借鉴高等教育发展的经验，将其并融入日常教学。

第三，在人才培养模式上，注重教育理念的更新，取人之长，互学互鉴；在制度保障上，促进国际化师资培训，加强学生国际化交流和资助，不断完善国际化办学考核等。

2. 用人和评价机制实现创新

第一，建立完善的人事机制，如成立系、院、校三级评审委员会，设

221

立外界同行学术委员评审会，确保选人、用人的公正与有效。

第二，高度重视教师队伍结构的优化，加强师资管理的制度和规范化建设，完善外籍师资引入政策。

第三，关心教师的专业成长和发展，提供一流的教学支持服务，并予以经费、制度、技术和评估资源的支持，优化配套服务体系，创造条件使教师活跃在国际高等教育和学术舞台，对人才做到引得进、留得住。

第四，加大人才引进经费资助力度，延揽一流学者尤其是顶尖级学术领军人物和极具潜力的高端人才来校工作，通过学科带头人的感召力和引领作用，汇聚一流师资、创建共同价值、把握发展方向，搭建合理的学术梯队，形成和谐高效的学术共同体，为实现一流学科的建设创造良好的内外部环境，促进高校发展成为世界学术和创新中心，打造学术重镇。

3. 改革培养方式和优化课程设置

第一，发挥具有高层次人才的支撑和引领作用，鼓励其参与教学，把学生当作未来的顶尖人才培养，提升学生的创新精神和学术能力。

第二，引进先进的教学理念，优质的教材和教学体系。

第三，打造海外实习项目、学生交换项目、中外高校联合培养项目等，培养学生的全球胜任力，让学生感受到国外先进的课程体系和内容，掌握国际水平的知识，体验多元文化，增强跨文化交流能力，丰富创新思维模式。高校要培养具有广阔视野、创新能力和国际竞争力的高层次人才。

第四，积极引入学科专业的国际评估机制并参与国际机构开展的专业认证，以国际视野审视世界一流学科专业建设和学生培养工作，使学生能够按照国际通行和公认的模式和标准发展，推动学生培养质量的提升。

4. 科研交流与合作实现创新

第一，在科研方面，高校应根据新型交叉学科发展的需求，追踪国际学术前沿，通过组织或参与对国际重大科学问题的研究，建设跨学科、跨领域的国际科研合作平台，全面提升相关学科的学术水平和国际声誉。

　　第二，高校要把协同共享作为关键理念，鼓励国际联合研究从教师的个体行为向团队化、整合式的组织化行为转变，让中外科研合作深入开展。来自不同国家和高校的学者立足学科发展前沿、服务国际行业变革需求，共同申请科研课题，共同组建科研团队，共同搭建联合实验室平台，进行重大项目的联合科研攻关，共同指导并培养学生，形成学术共同体，进一步拓展学科的国际学术交流的广度、深度，催生出高质量的学术成果。

参考文献

[1] 陈林汉. 高等教育国际化: 内涵与实施 [J]. 教育学术月刊, 2012 (11): 74-75.

[2] 成雪岩. "一带一路" 国际化背景下高等教育创新人才培养的路径 [J]. 教育理论与实践, 2016, 36 (27): 9.

[3] 崔丽, 张森. 高等教育国际化背景下中国高校的应对策略 [J]. 河北学刊, 2013, 33 (6): 179.

[4] 法扎勒·里兹维, 高胜寒. 后疫情时代应提高高等教育国际化的多样性 [J]. 高校教育管理, 2022, 16 (1): 9-10.

[5] 付红, 聂名华, 徐田柏. 中国高等教育国际化的风险及对策研究 [M]. 北京: 人民出版社, 2015.

[6] 高鹏. 高等教育国际化评价标准辨析 [J]. 东北师大学报 (哲学社会科学版), 2015 (3): 195-199.

[7] 何芳, 都宁. 跨文化视角下北京高等教育国际化发展研究 [J]. 高教发展与评估, 2021, 37 (6): 34-41.

[8] 霍少波. 高等教育国际化的两种取向 [J]. 高教探索, 2020 (10): 13-22.

[9] 季舒鸿, 张立新. 论中国高等教育国际化及其着力点 [J]. 教育与职业, 2012 (6): 9.

[10] 康玮玮. 高等教育国际化中高校外事管理工作探讨 [J]. 人才资源开发, 2016, (16): 39.

[11] 柯友祥. 高等教育管理 [M]. 上海: 华东师范大学出版社, 2000.

[12] 乐守红. 高等教育国际化进程中的大学文化传承功能研究 [J]. 江苏高教，2021（11）：77-80.

[13] 李军，段世飞，胡科. 高等教育国际化的阶段特征与挑战 [J]. 高教发展与评估，2020，36（1）：81-91.

[14] 刘亚西，计国君. 全球治理视域下我国高等教育国际化：内涵新解与实践进路 [J]. 复旦教育论坛，2022，20（2）：66-73.

[15] 刘影，张优良. "一带一路"倡议与中国高等教育国际化的新图景 [J]. 清华大学教育研究，2020，41（4）：81-87.

[16] 刘振海，谢德胜. 终身教育视域下我国高等教育管理体制研究 [M]. 沈阳：辽宁教育出版社，2018.

[17] 曲晓慧，冯毅. 我国高等教育国际化发展路径研究 [J]. 学习与探索，2018（5）：32.

[18] 魏华颖. 国际人才培养与高等教育国际化 [J]. 人民论坛，2013（5）：134-135.

[19] 吴佳欣. "双一流"建设背景下大学学科内涵式建设研究 [D]. 武汉：武汉理工大学，2018：14.

[20] 徐东波. 德国高等教育国际化的进展与动向 [J]. 黑龙江高教研究，2022（1）：69-76.

[21] 徐青. 高等教育国际化视野下的创新人才培养模式探索 [J]. 继续教育研究，2010（9）：57.

[22] 薛博文. 高等教育国际化概念比较与价值取向分析 [J]. 黑龙江高教研究，2021（4）：1-5.

[23] 亚萨尔·孔达奇，伊莱夫·埃尔伯克，肖俊洪. 高等教育国际化的转型：从教室到虚拟环境 [J]. 中国远程教育（综合版），2021（5）：51-61.

[24] 于小艳，杜燕锋. 高等教育国际化评价的价值透视 [J]. 高教发展与评估，2020，36（2）：36-43，68.

[25] 俞俏燕. 新西兰高等教育国际化转型研究 [J]. 比较教育研究，2022，44（8）：45-52.

[26] 俞师，韦霄燕.高等教育国际化背景下高校教学管理存在问题及解决的优化路径研究 [J]. 学术论坛，2014，37（8）：171.

[27] 詹克磊.高等教育国际化进程中的高校外事管理工作研究 [J]. 经济管理文摘，2020，（7）：192.

[28] 张芳."双一流"建设背景下高校双语教学路径研究 [J]. 辽宁科技学院学报，2021，23（3）：37.

[29] 张丽萍.历史视域下我国高等教育国际化对策研究 [J]. 继续教育研究，2021（1）：146–150.

[30] 张西方.论高等教育功能的拓展 [J]. 山东师范大学学报（人文社会科学版），2010，55（6）：98.

[31] 张峥嵘.高等教育国际化的思考与探索 [J]. 中国成人教育，2012（7）：33–35.

[32] 赵国霞，李山东.高等教育国际化背景下高校教学管理体制的改革与创新 [J]. 管理观察，2009（33）：132.